Sgin ti fonolog?

CEFIN ROBERTS

Monologau gwreiddiol ar gyfer pobol ifanc

ISBN 978-1-912173-06-8

Mae'r cyhoeddwr yn cydnabod cymorth ariannol
Cyngor Llyfrau Cymru.

Llun Cefin ar y clawr cefn: Ffotograffiaeth Kristina Banholzer

Cyhoeddwyd ac argraffwyd gan
Wasg y Bwthyn, Caernarfon
gwasgybwthyn@btconnect.com

I Efan Jac a Noa Jac

DIOLCH

Diolch yn dalpia i ddisgyblion Glanaethwy am holi'n gyson am fonologau dros y blynyddoedd. Diwallu eu hangen nhw am ddeunydd crai oedd yr ysbrydoliaeth i fynd ati i lunio'r gyfrol hon. Diolch i Rhian am ei hamynedd yn gwrando ar sawl 'perfformiad' o'r monologau dros baneidiau. A diolch hefyd i Marred a Geraint yng Ngwasg y Bwthyn am eu hanogaeth gyson dros y blynyddoedd, ac i Huw Meirion o'r Cyngor Llyfrau am olygu'r copi.

Cynnwys

GAIR GAN YR AWDUR

Annwyl fonologwyr a hyfforddwyr,

Dros y blynyddoedd fe ges sawl galwad ffôn ac e-bost yn holi am fonologau. Os oeddech chi'n un o'r ymholwyr hynny, yna mae'n bosib mai chi oedd y cymhelliad pennaf imi ysgrifennu'r gyfrol yma. Diolch o galon ichi am yr ysgogiad.

Fel awdur a hyfforddwr, rwyf hefyd wedi cael fy ysgogi gan fy nisgyblion yn Ysgol Glanaethwy i ddiwallu eu hangen yn flynyddol i gyflwyno monologau mewn cystadlaethau, clyweliadau a chyngherddau. Dwi'n mawr obeithio y bydd y casgliad yma o fonologau yn ateb sawl gofyn, a bod digon o ddewis yma fydd yn siwtio eich oedran a'ch arddull arbennig chi.

Addasu – Awgrym yn unig yw'r oedran a'r cyfarwyddiadau ac mae rhyddid llwyr ichi arbrofi gyda'ch llwyfaniad. Fel y gwelwch chi hefyd, mae rhai o'r monologau yn addas ar gyfer bachgen neu ferch a gallwch addasu a newid enwau fel y gwelwch chi orau. Rhoddir rhwydd hynt yn ogystal i athro, hyfforddwr neu berfformiwr addasu'r acenion i'w dibenion eu hunain. Mae digon o le, felly, ichi roi eich dehongliad eich hunain i'r fonolog drwyddi. Defnyddiwch eich dychymyg a phob lwc!

Gwisg – Yn amlach na pheidio, mae gwisg syml yn fwy effeithiol wrth gyflwyno monolog. Peidiwch â mynd i ormod o fanylder. Mae un cerpyn hawdd ei ddiosg yn llawer mwy effeithiol; siaced neu glogyn, côt neu sgarff hyd yn oed. Bydd hyn yn eich galluogi i newid yn llyfn o un cymeriad i'r llall petai angen, ac yn gwneud bywyd yn llawer rhwyddach wrth baratoi ar gyfer eich perfformiad.

At ofynion cystadleuaeth, cyngerdd neu unrhyw berfformiad cyhoeddus mae ychwanegiad gweledol syml fel hyn yn dderbyniol, ond i glyweliad mae'n fwy arferol i wisgo eich dillad eich hunain gan adael i'ch llais, eich osgo a'ch amseru wneud y dehongli'n gyfan gwbwl. Gallwch feimio prop hefyd petai raid.

Awgrymiadau ar lwyfannu – Cyn eich bod yn cychwyn rhoi bloc (symudiadau) i'r cymeriad, dowch i nabod rhythm ac ystyr yr araith yn drylwyr. Mae'n braf bod yn rhydd o hualau sgript ac amheuon wrth ichi ddechrau dehongli â'r corff. Wedi ichi ddod i nabod hyd a lled eich cymeriad, bydd iaith y corff yn datblgu'n llawer mwy naturiol pan ddowch i ddechrau ystyried eich llwyfaniad.

Astudiwch yr araith yn fanwl. Bydd ambell linell yn cymell ystum neu symudiad, ond cofiwch nad oes angen crwydro ar hyd y llwyfan drwy gydol unrhyw araith (ond mae eithriadau wrth gwrs!). Mae cerdded diamcan yn gallu tynnu llawer gormod o sylw oddi wrth wir neges eich cyflwyniad a gall llonyddwch fod yn llawer mwy effeithiol yn aml. Didwylledd a naturioldeb sy' bwysicaf bob gafael. (Am ragor o gyngor ar hyn darllenwch araith Hamlet i'w actorion yn y ddrama fawr gan William Shakespeare, Act 3, golygfa 2.)

Mewn monolog, araith neu ymson, mae gan yr actor un peth pwysig iawn i'w ystyried cyn cychwyn ar y bloc – hefo pwy mae o neu hi yn siarad? Gan fod y llygaid yn arf cryf i bob actor llwyfan, mae gwybod pwy yn union y mae'n ymgomio ag o neu hi yn rhoi syniad pendant iddo lle i gyfeirio ei lygaid. Ydi'r cymeriad yn annerch torf? Os hynny, yna gall yr actor ddefnyddio'r gynulleidfa sydd eisoes yn eistedd yn yr awditoriwm. Ond os yw'n siarad â chymeriad arall, yna mae'n rhaid iddo fod yn gyson ei gyswllt llygaid â'r cymeriad (anweladwy) sydd o'i flaen. Does dim rhaid iddo fod yn edrych arno fo neu hi drwy gydol yr araith, ond mae'n rhaid bod yn ofalus, pan nad yw'n edrych i fyw llygaid y cymeriad dychmygol hwnnw, ei fod yn dychwelyd ei drem i'r un safle'n union pan fydd am edrych yr eildro. Mae'r sialens yn dwysáu pan fo'r cymeriad yn annerch mwy nag un cymeriad yn ystod yr araith, ond cofiwch fod yn driw i'r cyswllt llygaid yma bob amser. Gallwch ddrysu'r gynulleidfa os na fydd trem a ffocws y llygaid wedi ei ymarfer i'r fodfedd wrth ymgomio â chymeriad arall ar lwyfan.

Mae'r llygaid yn ymateb mewn modd cwbl wahanol pan fo'r cymeriad yn ymsoni (siarad ag ef ei hun). Mae angen i fynegiant y llygaid fod yn wahanol yma – yn fewnol bron. Dylai'r gynulleidfa deimlo nad yw'r cymeriad yn edrych allan arnyn nhw drwy'r bedwaredd wal ond, yn hytrach, fel petai'n edrych i mewn arno fo ei hun. Nid yw'r ffocws hanner mor dreiddgar ac mae angen i'r cymeriad ymddangos fel petai mewn rhyw fath o lesmair neu freuddwyd. Yn araith enwog Lady Macbeth mae'r Arglwyddes yn siarad ag ellyllon ac ysbrydion y nos, mae Edmund yn 'Y Brenin Llŷr' yn siarad â'r duwiau tra mae Hamlet, wrth ystyried lladd ei hun, yn siarad yn llwyr â'i isymwybod a'i gydwybod. Am ragor o ymchwil edrychwch ar rai o'r actorion mawr yn perfformio'r areithiau yma ar YouTube. Mae'n ffordd bleserus a difyr o ddysgu am y grefft unigryw yma.

Iaith – Mae sawl elfen i'w hystyried wrth ddysgu llefaru'r geiriau sydd o'ch blaen – rhythmau, geirfa, lliw yn ogystal â'r acen. Yn y gyfrol hon rwyf wedi cynnig ambell awgrym o bwyslais trwy ei brintio mewn llythrennau **breision**. Dwi hefyd wedi awgrymu ceseilio ambell ddeuair trwy ddefnyddio gwahannod neu'r 'strac' i gysylltu geiriau. Er enghraifft, os ydw i'n awgrymu ichi ddweud y frawddeg bedwar sill yma, 'Fedra i'm mynd', yn frawddeg drisill, dwi wedi ysgrifennu 'Fedra-i'm mynd'.

... Mae'r tri dot yn awgrymu ansicrwydd neu oedi bwriadol a daw, fel rheol, ar ganol brawddeg. Gall fod yno hefyd os yw'r cymeriad yn chwilio am y gair priodol i fynegi yr hyn mae'n trio'i ddweud. Daw'r saib, yn amlach na pheidio, ar ddiwedd y frawddeg. Mae'r saib hefyd yn hwy na'r ... Ceisiwch ddyfalu pam y mae awdur yn cynnig saib neu dri dot. Beth sy'n mynd drwy feddwl y cymeriad yn ystod yr amrywiol seibiau yma? A oes modd mynegi hynny'n glir i'r gynulleidfa heb or-wthio ystum neu fynegiant wyneb? Rydym am weld teimladau dyfnion pob cymeriad gan osgoi, ar yr un pryd, eu morthwylio'n ddidrugaredd.

Ond ... does dim rhaid glynu wrth bwysleisiadau'r awdur ar bob achlysur. Maent yno i gynnig arweiniad a man cychwyn i ddehongliad. Awgrymiadau yn unig yw y rhain, a chymorth i'r rhai llai profiadol wrth iddynt chwilio am yr ystyr.

Llafareiddio – Yma ac acw drwy'r gyfrol fe welwch mod i wedi newid y sillafiad er mwyn eich cynorthwyo i gael dehongliad naturiol i'ch cyflwyniad. Sylwch, er enghraifft, mod i weithiau'n ysgrifennu 'ag' lle mai 'ac' yw'r sillafiad cywir. Rydan ni'n tueddu i droi pob 'ac' yn 'ag' wrth siarad yn naturiol, ac felly mae o yno i'ch atgoffa chi bod angen swnio'n union fel rydan ni'n siarad bob dydd ac nid fel tasan ni'n llefaru ambell ddarn o farddoniaeth. Rwyf hefyd wedi rhoi 'sh' yn lle 's' mewn ambell fan. Ond cofiwch fod modd i chithau addasu'r monologau yma a'u llafareiddio i'ch acen naturiol chi. I roi enghraifft ichi o'r modd y gellir gwneud hyn, rwyf wedi cynnwys dau fersiwn o'r fonolog 'Mewn Cwt'. Cofiwch, os byddwch am fynd ati i addasu fersiwn i'ch acen chi, mae'n werth ichi aildeipio copi'n arbennig; hyd yn oed os ydi o ddim ond yn newid o 'diweddebau' i 'diweddeba' i 'diweddebe', mae'n werth cael eich fersiwn chi i lawr ar ddu a gwyn. Wnaiff addasu'r gwaith ar lafar yn unig ddim ond arwain at gyflwyniad blêr a di-siâp. Tydi dyfalu a'i wneud o i fyny wrth fynd ymlaen ddim yn gweithio i actor ond ar achlysuron arbennig, a phan fyddwch chi'n brofiadol **iawn** ym maes byrfyfyrio. Cofiwch hefyd y bydd yn rhaid ichi nodi mai addasiad o fy ngwaith i fydd eich cyflwyniad os bydd yna unrhyw newidiadau!

Gair o gyngor – Er bod ambell i fonolog wedi ei hysgrifennu mewn iaith lafar ac weithiau'n syml ac yn ysgafnach ei natur a'i neges na'r rhelyw, mae angen yr un ymroddiad a gwaith caled i gael y monologau hynny i swnio'n gredadwy. Ceisiwch fod mor naturiol â phosibl yn eich cyflwyniadau. Ond byddwch yn ofalus hefyd; sicrhewch nad yw'r geiriau yn cael eu colli yn llif eich naturioldeb. Rhaid wrth dechneg ynganu glân yn ogystal â'r ddawn i swnio'n onest wrth gyflwyno unrhyw ddarn llefaru ar lwyfan. A thalwch sylw manwl wrth ddewis goslef a phwyslais. Gall y ddeubeth yma gamarwain y gynulleidfa'n llwyr o'u gosod yn y lle anghywir. Fe rof un enghraifft ichi: brawddeg fer sydd wedi ei dweud ganwaith o'r blaen – 'Dwi'n dy garu di'. Dowch inni edrych ar dri phwyslais gwahanol:

(1) **Dwi'n** dy garu di – Mae'r pwyslais yma'n awgrymu nad yw pawb yn caru'r person mae'r cymeriad yn ei annerch. Mae fel petai'n trio darbwyllo a chysuro'r truan arall, er gwaetha pawb a phopeth, ei fod **o'n** dal i'w garu/charu.
(2) Dwi'n dy **garu** di – Mae hwn yn fwy o ramantydd ac mae llai o gymhlethdod yn y dehongliad yma. Mae'n onest ac nid yw'n awgrymu unrhyw is-destun.
(3) Dwi'n dy garu **di** – Mae awgrym yma fod y person arall wedi cyhuddo'r cymeriad yma o garu rhywun arall ac mae yntau'n ceisio'i ddarbwyllo nad yw hynny'n wir.

Tri dadansoddiad syml yw yr uchod. Mae goslef, emosiwn ac ystum yn haenau eraill i'w hystyried wrth ichi ddarganfod mwy a mwy am eich cymeriad. Dyna yw her fawr pob actor. Byddwch yn ofalus a thrylwyr wrth ddewis goslef, pwyslais, emosiwn, saib, mynegiant, traw ac ystum. Y rhain yw arfau'r actor, a dylid rhoi gofal manwl i'r naill fel y llall wrth ymgyrraedd at eich dehongliad gorffenedig.

Pob hwyl ar y gwaith!

Lle mae Mala?

LEISA – Merch 11+

Leisa: Mala oedd y ffrind gora ges i rioed, a mi dorrish i 'nghalon pan ddudodd Mam wrtha-i am drio'i hanghofio hi. Indian oedd Mala. Ond oedd hi'n medru siarad Cymraeg gystal â'r un ohonan ni. Dwi'n meddwl mai Cymraeg oedd o; felly oedd o'n swnio i mi pan oeddan ni'n sgwrsio. Beth bynnag, oeddan ni'n deall ein gilydd bob gair. Yn y llofft gefn oedd hi'n byw, a phan fyddwn i'n dŵad adra o'r ysgol mi fydda hi yno'n aros amdana-i. O'n i'n rhoid un smotyn o *lipstick* Mam ar fy nhalcan cyn mynd i mewn i edrach amdani a dyna lle bydda Mala yn paratoi te bach inni i gyd. Oeddan ni wedi rhoi sgarffia o bob lliw a llun i hongian dros y walia coch. O'n i'n ca'l gleuo canhwylla mewn potia jam pan fydda Mam yn dŵad i chwara hefo ni a ges i beintio patryma aur yma ac acw ar y walia hefo Dad. Oedd Mala wrth 'i bodd yn byw hefo ni.

Pan ddudodd Mam mod i'n mynd i ga'l chwaer fach newydd, 'nes i'm 'i chredu hi pan ddudodd hi y bydda'n rhaid i Mala symud allan. Ond pan ddois i adra o'r ysgol un dwrnod a gweld fod Dad wedi clirio'r sgarffia a phapuro dros y walia coch, doedd hi ddim 'run stafall, ag oedd Mala wedi mynd heb ddeud ta-ta na dim byd.

"Lle ma' Mala?" ofynnish i drw 'nagra.

Doedd Dad ddim hyd yn oed yn medru deud 'i henw hi'n iawn a 'nes i bwdu hefo fo pan ddudodd o fod 'Mara' wedi mynd am dro. Pan ddoth Mam adra o'r ysbyty do'n i'm ishio gweld fy chwaer fach. Oedd Mala ar goll a doedd gin i ddim ffrind i chwara hefo hi. "Wrth gwrs bod gin ti ffrindia!" oedd Mam yn 'i ddeud. "Gin ti Catrin, a Becky a Siwan, toes?" Oes ella, ond tydyn nhw ddim yna bob amsar, yn nac'dyn? Dim fatha Mala. A hyd yn oed pan **ma'** nhw yno, tydyn nhw'm 'run fath bob tro. Weithia 'dan ni'n ffraeo a deud petha cas. Doedd Mala **byth** yn deud petha cas. "Ma' gin ti Mari, toes?" medda hi wedyn. "Dy chwaer fach newydd." Ond dim ond cysgu ma' Mari. A pan ma' hi'n effro tydi hi'n neud dim byd ond byta a crio.

Pan fydda-i'n mynd i dre hefo Mam fydda-i'n dal i chwilio am Mala. Dwi'm yn ama imi 'i gweld hi o bell unwaith ond chlywodd hi mo'na-i'n gweiddi chwaith. Oedd hi 'di ca'l sari newydd; un wyrdd hefo bordor aur arni oedd yn dal yr haul wrth iddi chwifio'n y gwynt. Oedd ginni hi dair chwaer a brawd ac un *alsatian* mawr brown a du. Dwi bron yn siŵr mai hi oedd hi.

Ma' tŷ ni'n wag hebddi hi rŵan. Mond sŵn babi'n crio dwi'n 'i glŵad drw dydd. Ond dwi'n cofio'r caneuon ddysgodd Mala imi o hyd. A weithia, fydda-i'n 'u canu nhw i mi fy hun. A pan fydda-i'n canu fydd Mari'n syrthio-i gysgu'n syth bìn.

Gwisg – Tybed ydi Leisa'n dal i wisgo gydag arlliw o ddylanwad Indiaidd ar ei gwisg? Hwyrach yr hoffech chi orffen yr araith hon trwy ganu cân Indiaidd, gan gerdded oddi ar y llwyfan yn canu un o ganeuon Mala.

Mam?

ANNA – Merch 12+

---

*Mae Anna â'i chefn at y gynulleidfa i gychwyn. Mae hi fel pe bai'n
chwilio am rywun. Mae hi'n galw "Mam! ... Mam?" – yna yn
graddol droi at y gynulleidfa. Dylai symudiadau Anna fod yn llyfn
a rhyw deimlad o ysgafnder yn ei cherddediad.*

Anna: Mam? W't ti yna? Mam, gwranda, fi sy' 'ma, Anna. Dwi
'di bod mewn damwain car, ond dwi yn iawn, OK? Dwi hefo'r
dynion ambiwlans a ma' nhw'n edrach ar fy ôl i. Ti'n fy
nghlŵad i, Mam? ... Ma'r car wedi hollti bron yn 'i hannar ond
dwi'n iawn. Mymryn o glais ar fy nhalcan. Dwi'm yn meddwl
bod 'na ddim byd arall i ... weld.

Hogyn wedi meddwi oedd o, Mam. Glywis i'r dyn ambiwlans
yn deud. Oedd o'n mynd fatha cath i gythral, medda fo; methu
stopio ddigon buan. Dwi'm yn cofio dim llawar o ddim byd
wedyn, dim ond y seiren yn nadu a ryw hogan yn sgrechian.
Cariad yr hogyn oedd yn y car arall oedd hi, dwi'n meddwl. Ti'n
gallu 'i chlŵad hi? Dwi'n dal i'w chlŵad hi'n crio'n ddistaw bach
... dwi'n meddwl ... mai hi sy' 'na ...

   Saib hir.

Pam ti'm yn deud dim byd, Mam? Dwi yn iawn ... wir yr. Cris-
croes tân poeth, torri 'mhen a thorri ... 'nghoes.

Ddigwyddodd o mor sydyn. Un munud oeddan ni'n glana

chwerthin a'r funud nesa ... clec. Dwi'n cofio sŵn y glec. A'r seiren. A'r sgrech. Dim byd wedyn. Dim byd ar ôl y sgrech. Ond dwi'n gweld bob dim rŵan, yn hollol glir. Ddoth 'na niwl ... Niwl gwyn ... Oer. Ond rŵan mae o 'di mynd, Mam. Ma' bob dim yn iawn ... ma'r niwl 'di clirio rŵan.

Ma'r dyn ambiwlans yn gafael yn fy ngarddwn i a mae o'n edrach 'run ffunud â Dad. *(Yn raddol mae'n gwenu)* Dad ydi-o, Mam ... Oedd o yn y car hefo fi a 'dan ni'n iawn ... Mam. Mae o'n gwenu. Mae **o** wedi dŵad drw'r niwl **hefyd** ... Mam! ... Pam ti'm yn fy atab i? *(Yn dechrau troi eto)* Mam? ... Mam? ... Mam! Lle w't ti? Mam!

> *Anna'n gadael y llwyfan yr un mor llyfn ac ysgafn. Bron fel pe na bai wedi bod yno o gwbwl.*

19

Oedolion!

HARRI/HAWYS – Bachgen/Merch tua 12 oed

Daw Harri/Hawys i flaen y llwyfan mewn tymer ddrwg. Mae o/hi yn amlwg wedi cael llond bol.

Harri/Hawys: Dwi'n ddeuddag oed, a dwi'm yn siŵr be dwi'shio neud ar ôl gadal 'rysgol. Felly dwi methu dallt pam ma' pobol yn gofyn imi bob munud be dwi'shio fod pan dwi 'di tyfu i fyny. **Dwi'm** yn gwbod, nac'dw! Blwyddyn saith ydw-i. Dwi'm 'di dewis fy mhyncia TGAU eto – heb sôn am lefel A – heb sôn am goleg! Rhowch gyfla imi, newch chi!

Fydda-i'n teimlo fatha gofyn iddyn nhw weithia os ydyn nhw'n gwbod be ma' **nhw** ishio neud ar ôl stopio bod yn *annoying*. Dwi'm wedi gneud peth felly eto ond ma' pawb yn ca'l 'u gwthio i ben 'u tennyn weithia, tydi? Dwi wir ddim yn meddwl 'u bod nhw'n sylweddoli pa mor wirion ydyn nhw yn gofyn petha mor wirion i mi.

Ma' rhan fwya o fy ffrindia i'n gwbod yn iawn be ma' **nhw** ishio fod. Ond **tydw** i ddim. Dim eto beth bynnag. A hyd yn oed **taswn** i'n gwbod be dwi'shio fod, dwi'n gwbod hefyd y byswn i wedi newid fy meddwl erbyn tymor nesa. Dwi'n newid fy meddwl hyd yn oed pan dwi'n mynd i gaffi. Cyn mynd i mewn dwi'n deud mod i ishio *burger* a *chips*. Pan dwi yn y ciw dwi'n deud mod i ishio *fish fingers* a *chips*, ond pan ma'r ddynas yn gofyn imi be dwi'shio dwi'n gofyn am *chiken nuggets* a **dim** *chips*. A pan dwi wedi 'i ga'l o dwi'n gweld bwyd pawb arall yn edrach yn well na f'un i. Felly pan ma' rhywun yn gofyn imi be dwi'shio fod pan dwi'n fawr ma' well gin i beidio atab. Achos erbyn i mi fod yn fawr, fydda-i wedi newid fy meddwl **filiyna** o weithia! Ma'n rhieni ishio-i mi fod yn ddoctor!

"Dyna ti'shio fod!" medda Mam y dwrnod o'r blaen, fel tasa hi newydd ddarganfod penisilin. "Fedri di fod yn ddoctor!" Dwi rioed 'di ennill un gêm o Operation eto, heb sôn am fod yn ddoctor! Hyd yn oed pan dorrodd 'y mrawd 'i goes o'n i'n casáu mynd i'r ysbyty i edrach amdano fo. A phan gafodd Dad ddamwain wrth dorri coed tân, pan welish i'r gwaed, 'nes i lewygu! Doctor wir! Lle ma' oedolion yn ca'l y syniada 'ma, dudwch?

Ma' Taid yn gallach. Pan ddudis i hyn i gyd wrtho fo mi ddudodd wrtha-i am beidio gwrando ar neb ohonyn nhw. "Paid â chymryd sylw o'r un wan jac," medda fo. "Yr unig un fedar wbod be w't ti am fod ydi chdi dy hun. Ac os nad w't ti'n gwbod eto ma' hi hen ddigon buan i ryw betha felly."

Dyn call 'di Taid.

Ar ôl siarad hefo fo mi ddechreuish i feddwl o ddifri am y peth, a dwi wedi dŵad i un penderfyniad ynglŷn â'r hyn dwi'shio fod. Er na dwi'm yn gwbod **be** fydd y swydd dwi ishio na **lle** bydd hi, dwi'n gwbod **un** peth amdani – fydd 'na ddim un oedolyn ar 'cyfyl! Hwyl 'chi!

Gen inna freuddwyd

MARTIN – Bachgen 13+

Daw Martin ymlaen mewn gwisg ysgol. Falla'i fod o wedi bod yn cicio pêl a bod mwd ar ei drowsus. Dewiswch chi.

Martin: 'Dach chi'n ca'l breuddwyd weithia lle 'da chi'n ca'l traffath yn bora i dderbyn na tydi hi'm yn wir? Gesh i un o'r rheiny neithiwr. Un o'r breuddwydion da 'na lle 'da chi'n deffro'n teimlo'ch bod chi ar ben y byd. Dim chi 'di'r llipryn oeddach chi'n feddwl oeddach chi ddoe. 'Da chi'n well na hynny o beth coblyn.

Breuddwyd am Barry Williams oedd hi. Es i tu ôl i Lab Biol yn 'rysgol lle roedd o'n ca'l smôc efo Carolyn Moss a Brychan Caellepa. Cariad Brychan 'di Carolyn ond ma' Barry'n 'i ffansïo hi hefyd ond 'i fod o'n smalio na tydi-o ddim. Dim bod hynna'n bwysig ond o'n i jest ishio chi wbod pwy oedd yno ... yn 'y mreuddwyd i 'lly.

'Di Barry Williams 'im 'di gneud dim byd i fi – eto. Ond dwi'n siŵr mod i ar 'i restr o'n rwla. Mae o wedi'n llgadu fi unwaith neu ddwy a ma' 'na rwbath yn deud mod i amdani. Ma' f'enw i ar 'i figyrna fo'n saff ichi. Llŷr gafodd hi gynno fo ddwytha. 'I sodro fo'n erbyn postyn gôl a dwyn 'i feiro Parker a'i walat o. Ma' 'na lot o'r hogia 'di cha'l hi yn 'u tro. Rhan fwya 'i ofn o yn 'rysgol; ond neithiwr, pan gerddish i tu ôl i'r labordy ... o'n i'm math o ofn!

"Be tishio?" medda fo wrtha-i'n ddigon surbwch. 'Nesh i'm atab – mond sbio'n syth i'w lygad o. Wedyn nath Carolyn Moss droi ataf fi a chwthu mwg i 'ngwynab i a deud, "Be tishio, llanc? ... Deud rwbath!"

'Nesh i jest syllu arnyn nhw am dipyn a wedyn dyma fi'n deud reit cŵl, "'Im byd i chi fusnesu."

Doedd hwnna ddim y peth gora am y freuddwyd, achos nath Brychan Caellepa ddechra piffian chwerthin ac mi dagodd Carolyn ar y mwg oedd yn llosgi 'i sgyfaint hi. Deimlish i 'ngwrychyn yn codi ac mi dyfish o leia dair modfadd wrth neud. ('Dach chi'n medru tyfu'n ffast yn 'y mreuddwydion i.)

"Hegla-i o 'ma, nei di'r piblyn bach," medda fo, a dyna pryd ges i'r myll a thyfu o leia ddwy fodfadd arall. O'n i bron mor dal â fo erbyn hynny a 'mreichia i'n llenwi llawas 'y nghrys i fatha Hulk yn barod i larpio.

Saib.

Wedyn ... dyma fo'n glanio'r dwrn bach cyflyma welsoch chi rioed ar 'y ngên i nes o'n i'n un cadach ar lawr o'i flaen o. Un gic arall yn fy nghlun ac un arall yn fy llengid a do'n i'm werth 'y nghodi. Ond o gongol fy llygad mi welwn i fod Carolyn Moss yn dechra ca'l traed oer. Ddudodd hi'm byd ond o'n i'n gwbod na fedra hi'm stumogi dim mwy. Erbyn hynny oedd y modfeddi dyfish i 'di crebachu. O'n i'n llai nag oeddwn i cynt ... ond yn dipyn cryfach tu mewn. O'n i'n medru dygymod â'r boen ... a mi ddiflannodd bob ofn.

"Fedri di 'nghicio i faint lici di, 'sti, ond neith o'm lles i chdi'n diwadd." Dwn i'm o lle doth y geiria ond o'n i'n gwbod 'u bod nhw 'di hitio ryw waelod yn rwla.

"Be ddudis di?" medda Barry, a gwyrdd 'i lygad o'n troi'n goch fatha matshian yn tanio.

"Dros dro ma' dwrn yn brifo. Mwya'n byd o lanast nei di arna fi ... tyfna'n byd di'r twll ti'n dyrchu i chdi dy hun." Oedd o fel tasa rywun arall yn siarad tu mewn imi yn gneud imi ddeud petha na wyddwn i amdanyn nhw o'r blaen.

Wedyn mi ddoth Barry Williams amdanaf fi fatha llewpart am 'i 'sglyfaeth pan afaelodd Carolyn yn 'i fraich o, ac o fewn dim oedd o 'di rhoi swadan iddi nes oedd hi ar lawr yn gruddfan mewn poen. Wedyn mi neidiodd Brychan Caellepa i'r adwy a llindagu Barry Williams reit o flaen fy llygad i.

Nid felly bydd hi pan ddaw Barry amdanaf fi go iawn, ma' siŵr, ond ... am heddiw ... ma' gin i lai o'i ofn o. Os daw o amdanaf fi dwi'n mynd i drio deud rwbath. Peidio bod ofn – a siarad. Dwi'm am gau fy ngheg yn drap a gadal iddo fo neud be fyw fyd fynno fo. Dwi am drio hefo geiria. Mi weithion nhw yn y freuddwyd ... a ma' breuddwydion **yn** gallu dŵad yn wir.

Lled braich

BETH/BRYN – Merch/Bachgen 13+

Cerdda Beth/Bryn ymlaen yn araf i ganol y llwyfan.

Beth/Bryn: Dwi'n gwbod na ti'm yn licio fi. Bob tro ti'n pasio fi ar y coridor dwi'n gallu 'deimlo fo. Ti'n gwbod bo' fi yna ond ti'n pasio fel taswn i ddim. Hyd yn oed pan ma' mond chdi a fi sy' 'na, ti'n dal i basio fatha 'sa'r coridor yn wag. Weithia ti'n sbio ar ryw bapura, ne'n tynnu dy fobeil allan a sbio ar negas ne ddanfon tecst i rywun. Ond dwi'n gwbod ma' smalio w't ti. Dwi'n gwbod na tydi dy ffôn di ddim hyd yn oed ymlaen. Fedra-i ddeud.

'Nes di neud o dwrnod o' blaen a 'nesh i stopio jest cyn i chdi basio a sbio i fyw dy lygad di a 'nes di dal ddim sbio arna fi – na deud dim byd. W't ti'n cofio, wa'th ti heb â'i wadu fo. Fasa chdi'm 'di medru methu fi, ond 'nes di ddal neud o; dal i 'mhasio i fel taswn i'n faw isa'r doman. Dyna ydw-i i chdi, 'de? Fedra-i ddeud mond wrth sbio arna chdi. A dim chdi 'di'r unig un.

(Yn gyflymach) Dwi'n sori na tydi 'nhad ddim yn ddoctor nag yn blisman – a ma' wir ddrwg gin i na tydi Mam ddim yn optegydd ne'n therapydd cerdd ne rwbath sy'n ticio'r bocsys iawn i ga'l bod yn dy lyfra di, ond fyswn i'n rhoid y byd am ga'l bod. *(Rhyw lithriad yn yr isymwybod ydi'r cymal olaf, bron fel petai'r bachgen neu ferch ddim yn sylweddoli ei fod wedi ei ddweud.)*

Saib.

Dwi'm yn gwbod pam ddudish i hynna rŵan. Pam ddyliwn i fod ishio bod yn dy lyfra di mwy na neb arall? Pam mod i'n ypsetio tu mewn bob tro ti'n anwybyddu a 'mynd o'r ffor arall heibio'? Naethon ni honna'n As Gref dwrnod o' blaen. Stori am y boi 'ma oedd yn helpu'r dyn 'ma oedd 'di ca'l 'i atacio a'i fêts gora fo'n troi cefn arno fo a smalio peidio'i weld o. A'r boi arall 'ma oedd i fod yn elyn penna iddo fo'n mynd â fo adra a'i neud o'n well.

Saib.

'Dan ni 'di bod yn dysgu llewygu'n gwersi Drama wsos dwytha. Syrthio go iawn heb frifo. Dwi 'di bod yn pracdeishio adra a mae o'n edrach yn dda. 'Nesh i-o o flaen Mam cyn mynd i *self-defence* ac oedd hi'n *totally* meddwl bo' fi 'di ffeintio go iawn. Dwi'm yn licio *self-defence* ond Mam sy'n mynnu mod i'n mynd.

Dyna dwi'n mynd i neud tro nesa byddi di'n pasio fi. Dwi'n mynd i lewygu reit o dy flaen di. Pan ti ryw bump llath orwtha fi dwi'n mynd i syrthio'n glewt o dy flaen di. Gweld be nei di wedyn. Dwi jest ishio gwbod pa mor bell ei di i gadw lled braich achos ... tydi athrawon ddim i fod i drin pobol fatha ti'n neud. Ma' athrawon i fod i drin plant i gyd 'run fath.

Bechod

GWYN/LLIO – Bachgen/Merch tua 13 oed

Gwyn/Llio: Ti'n trio mor galad i fod yn ffrindia 'nôl; bob ffor fedri di, ond dio'm yn gweithio fel'na – tydi petha byth yn gweithio fel'na. Achos be 'nes di. 'Nes di godi wal rhyngtha ni a sgin i'm syniad sut i'w thynnu hi lawr. A dwi'm yn siŵr os ydw-i ishio chwaith. Chdi cododd hi, a ti'n gwbod hynny. Oeddan ni'n gymaint o ffrindia ar un adag, a dwi 'di bod yn pendroni be 'di peth gora i neud. Ydi-o werth o i drio dŵad yn ôl yn ffrindia? ... A dwi'n meddwl 'i fod o ... weithia. Dro arall dwi'n ama os dwi'shio. Ydw-i ishio ca'l 'y mrifo fel'na byth eto? Fasa dŵad yn ôl yn ffrindia gora byth 'run fath, yn na fasa ... dim ar ôl be ddigwyddodd. Fyswn i'n teimlo mai smalio dwi. Smalio bod yn ffrindia. A tydi ffrindia ddim i fod i smalio.

Dwi yn dy golli di weithia. Colli'r hwyl oeddan ni'n ga'l o'r blaen. Ond bob tro dwi'n cofio, a meddwl am y petha oeddan ni'n arfar 'u gneud, dim yr hwyl dwi'n gofio rŵan; ond y brifo. Mae o'n teimlo'n od. Fatha diod tshocled 'di oeri ... ne iPad efo batri fflat. Tydi hyd yn oed y cofio ddim gymaint o hwyl ... rŵan.

Pan ddudish i wrthyn nhw adra be oedd wedi digwydd, mi ddudodd Dad y bydda 'amsar yn gwella petha' ac y byddan ni ''nôl yn ffrindia cyn bo hir'. Fel'na ma' Dad ... Baw dan carpad. Wbath am fywyd tawal. Ella ma' fo sy'n iawn ... dwi'm yn siŵr.

Ddudodd Mam ddim byd i gychwyn ... mond edrach yn drist. Oedd Mam yn gwbod faint o feddwl oedd gin i ohonat ti.

"Bechod," medda hi, ar ôl i Dad fynd i gwaith ...

Dwi'n gwbod bo' chdi 'di difaru neud o; **a'i** ddeud o. Ond dyna
'di'r traffath hefo geiria. Unwaith 'dan ni wedi 'u deud nhw,
fedrwn ni mo'u tynnu nhw 'nôl. Ma' nhw yna am byth. Dio'm
ots sawl gwaith nawn ni bwshio'r botwm dilît, ma' nhw yna'n
rwla. Does dim rhaid i chdi fynd i *trash* i chwilio amdanyn nhw.
Ti a fi'n gwbod 'u bod nhw yna rŵan; gwbod yn **union** lle ma'
nhw. A mi fydd be **'nes** di wastad yna hefyd ... yn rwla. Neith
o ddim mynd o 'na'n llwyr. Tydi-o byth ...

"Ryw ddwrnod fyddwch chi'n chwerthin am ben hyn i gyd, gei
di weld," medda Dad. Mae o'n gwbod mod i 'di 'mrifo a mae
o'n trio'i ora glas i 'ngha'l i i anghofio. "Fyddwch chi'n cofio
dim am hyn 'mhen rhyw flwyddyn ne ddwy," mae o'n 'i ddeud.
Ond Mam sy'n iawn. Er ma' mond un gair ddudodd hi ...
'Bechod' ... ydi mae o ... 'Bechod'.

Dau dderyn bach ...

CARWYN – Bachgen 13+

Daw Carwyn ymlaen yn eitha ansicr ei gerddediad. Awgrym o wisg fyddai jîns a hwdi – dillad tywyll, disylw.

Carwyn: A'th Dad â fi i'r sŵ eto dy' Sadwrn – er 'i bod hi'n stido bwrw. Oedd rhan fwya o'r anifeiliaid yn mochal, felly welon ni mond amball chwadan a'r morloi. Mi oedd gofyn ichi sefyll tu allan i weld y rheiny a doedd ginnon ni'm pwt o ambarél; a tydi'r caffi sy' 'no fawr o gop chwaith. 'Nesh i foddi'n tships mewn sos coch a finag i guddio blas y saim, wedyn mi esh allan yn f'ôl pan welish i fymryn o awyr las. Oedd hi'n dal i bigo bwrw ond oedd rwbath yn well nag aros yn gwrando ar Dad yn cwyno am y bwyd.

Roish i hannar 'y mechdan i'r ddau *Agapornis personatus* – pâr o *lovebirds* oedd yn mochal dan gysgod planhigion oedd yn edrach fatha riwbob cawr. Oeddan nhw fel dau afal bach gwyrdd yn y cysgodion yn swatio yn erbyn 'i gilydd, y naill yn cnesu'r llall ac yn hiraethu am adra na ddaru nhw rioed 'i weld. Yn Affrica ma' fan'no. Dyna oedd o'n ddeud ar yr arwydd oedd y tu allan i'r caetsh. *'These beautiful African birds will often bond with a mate for life and show fierce loyalty and affection to their family.'* (*Saib*) Oedd y naill yn twtio plu'r llall fel tasan nhw ar fin mynd allan am swpar yn 'u dillad gora. Wedyn oeddan nhw'n mwytho a chusanu yn hollol fodlon 'u byd. O'n i rioed 'di sylwi arnyn nhw o'r blaen – er bod Dad yn dŵad â fi yma'n reit amal. Sŵ Môr, Pili Palas ne fan hyn. McDonald's ar ffor adra.

Pan ddoth o allan o'r caffi oedd yr awyr las 'di mynd i rwla. O'n i'n medru deud 'i fod o mewn tymar ddrwg achos oedd o'n tynnu'n ffyrnig ar 'i ffag ac yn cerddad rhy gyflym. Tydi pobol mewn sŵ ddim yn cerddad mor ffast ag oedd o – hyd yn oed pan ma-i'n bwrw.

"Lle 'dan ni'n mynd, Dad?" medda fi.

"I'r lle *reptiles*," medda fo. "Fydd hi'n gnesach yn fan'no. Ty'd!"

> *Saib. Carwyn yn meddwl am sbel. Fe allai ddechrau gadael y llwyfan, fel petai ganddo ddim ychwaneg i'w ddweud – yna troi'n ei ôl, fel petai wedi cofio am rywbeth.*

Wyddach chi fod sebra'n lladd ebol 'i bartnar os nad y fo 'di'r tad? Mae o'n medru snwyro fo fel mae o'n ca'l 'i eni ac mi fydd yr ebol yn gelan cyn 'i fod o wedi sefyll ar 'i draed. Dwi 'di weld o ar YouTube. Mae o'r peth creulona dwi rioed 'di weld. Y fam yn strancio a chicio i drio achub yr un bach ond ma'r stalwyn wastad yn ca'l 'i ffor yn y pen draw, waeth faint neith hi 'mosod a brathu. Os na dio'n llwyddo tro cynta mi ddaw yn 'i ôl a gneud yn siŵr yr eildro. Fydda-i'm yn medru sbio ar sebra 'run fath ers imi 'u gweld nhw ar YouTube. Dyna pam esh i'm heibio'u cae nhw ar y ffor allan.

Gin Dad neidar yn 'i fflat a fydd o'n bwydo llygod byw iddi weithia. Ma' hi'n 'u lladd nhw hefo un brathiad sy' mond yn para eiliad. Neith-o ista yno'n 'i gwatshiad hi'n llarpio'r llgodan wedyn. Gerfydd 'i phen bydd hi'n llyncu bob gafal a mi arhosith yno nes bydd 'i chynffon hi wedi diflannu'n llwyr. Wedyn mi eith allan i drws ffrynt am ffag. *King ratsnake* sginno fo ar hyn o bryd – yr *Elaphe carinata*. Ond mae o'n trio hel 'i bres i ga'l un well, medda fo. Un beryclach mae o'n feddwl.

Mi 'rosodd yn y *Reptile House* nes doth y *black mamba* allan o'i gwâl. Y *Dendroaspis polylepis* ydi un o'r nadroedd mwya gwenwynig yn y byd. Un brathiad a fyddwch chi'n gelan mewn igian munud. Unwaith cafodd o gip arni hi mi oedd yn fodlon wedyn a gaethon ni 'i chychwyn hi am adra. "Ty'd 'ta," medda fo, yn dal i llgadu'r neidar fel tasan nhw'n chwara gêm stêrio. Hitha'n tynnu 'i thafod arno fo rŵan ac yn y man fel tasa hi'n 'i watwar o am wastraffu 'i hamsar.

Oedd y ddau dderyn bach yn dal yn cysgodi dan yr un ddeilan fel oeddan ni'n 'i gneud hi am y maes parcio.

"Ti 'di gweld rhein?" medda fi, wrth basio'r caetsh.

"Be 'dyn nhw?" medda fynta.

"*Lovebirds*," medda fi.

"Lle?"

"Dan y ddeilan fawr 'na."

"Ty'd, well 'ni fynd. Ne neith dy fam 'im byd ond cwyno'n bod ni'n hwyr," ac mi roth dro ar 'i swdwl heb drafferthu i sbio'n iawn. Mi ddoth y storm yn ôl ac mi oedd y ddau ohonan ni'n 'lyb diferol erbyn cyrradd y car. Oedd Dad yn flin ... a finna'n meddwl am y ddau dderyn bach yn mochal dan y ddeilan riwbob yn swatio mor sownd at 'i gilydd.

Y fonolog fawr

CARYL – merch 13+

Daw Caryl ymlaen i'r llwyfan yn ei chôt nos a photel dŵr poeth dan ei chesail.

Caryl: Dwi'n mynd i 'ngwely. Ma' Mam 'di dechra mynd ar fy nerfa i go iawn erbyn hyn. Ma' hi lawr grishia'n chwilio am ddarn adrodd imi a dwi 'di ca'l llond bol.

Chesh i'm llwyfan ar yr alaw werin llynadd. Pumad tro i mi gystadlu – a dwi rioed 'di ca'l stêj. So ddudodd Mam bysa hi'n rhoid fy enw i i lawr ar y peth 'monolog' 'ma 'leni, rhag ofn 'swn i'n ca'l gwell hwyl arni.

"Be 'di hwnnw?" ofynnish i iddi.

"Fathag adrodd ond 'i fod o'm yn odli."

Gin Mam ffor ryfadd o atab cwestiyna weithia, so 'nesh i jest sbio'n blanc arni yn y gobaith bysa hi'n rhoi dipyn bach mwy o fanylion. Ddoth 'na lot fawr o fanylion – ond dim lot o sens.

"Be 'di monolog?" ofynnish i iddi.

"Ti jest yn sefyll ar llwyfan a ... deud rwbath."

"Fatha be?"

"Rwbath."

"Mi welais Jac y Do?"

"Callia, nei di, Caryl!"

"Chi ddudodd 'rwbath'."

Meddwl 'i bod hi'n gwbod petha ma' Mam, a ma' hynny'n beth peryg ofnadwy ar adega. Fatha'r tro hwnnw sgrechiodd hi yn y babell canlyniada yn deud mod i 'di ca'l llwyfan ar 'Twll Bach y Clo'. Cyn imi ga'l amsar i droi oedd hi 'di mynd rownd y maes i gyhoeddi ar dop 'i llais pa mor dda o'n i 'di gneud. Nath hi'm sylwi mai 'Caryl **Llwyd**' oedd 'di ca'l llwyfan a nid 'Caryl **Lloyd**'. Oedd hi 'di ffonio Dad ac Anti Gladys cyn cyrradd y Pagoda ag oedd rheiny 'di ffonio'r byd a'i frawd. Erbyn i Mam ddŵad yn 'i hôl o'n i 'di cael dros hannar cant o negeseuon ar fy *mobile* yn deud llongyfarchiada! Dwi rioed 'di bod ffasiwn gwilydd. Pan ddalltodd be oedd wedi digwydd a'th Mam yn ôl i'r garafán i lyncu mul. A'th hi ddim hyd yn oed i gìg Bryn Fôn yn y Pafiliwn!

Felly 'leni, oedd hi wedi rhoid 'i bryd ar fy ngha'l i i gystadlu ar y fonolog.

"Mae o-i weld ddigon hawdd," oedd 'i chynnig nesa hi.

"Hawdd!" medda finna, 'di dychryn am fy hoedal.

"Dwi'n siŵr bod lot ohonyn nhw'n neud o-i fyny wrth fynd ymlaen, 'sti, Caryl. Felly mae o'n swnio i mi. Ma' nhw jest yn deud rwbath ddaw i'w penna nhw."

"Calliwch, newch chi, Mam!"

"Mi ffonia i Parri Drama i chdi, yli. Ella medar o roid 'i bump ar rwbath go lew."

Mi ffendiodd o ryw ddarn am yr hogan bach 'ma'n torri 'i chalon am fod 'i chariad hi'n perthyn i ryw deulu coman. Roméo a Julie. Ishio sbio pen honno 'ta, doedd? Lladd 'i hun dros hogyn sy'n siarad nonsans ac yn gwisgo teits. 'Nesh i gwglo'i lun o ar y cyfrifiadur yn 'rysgol ac oedd golwg y diawl arno fo! Ac os oedd Mam yn meddwl mod i'n mynd i baldaruo ar lwyfan mewn iaith nad oedd neb yn mynd i'w dallt mewn ffrog blwmonj, oedd well iddi fynd i chwilio am rwbath callach na hynna i mi.

Dal i chwilio ma' hi rŵan. Methu ffeindio dim byd call, siŵr gin i. Ma-i'n desbret ishio-i mi gystadlu, ma' raid. Ddoth i mewn i'n stafall i gynna a wyddoch chi be ddudodd hi? "Sgin ti ffansi Llefaru o'r Ysgrythur 'ta, Caryl?" Pa mor bell eith amball riant i ga'l 'u plant ar lwyfan steddfod, dudwch? A dio'm byd ond tent efo meicroffon yn diwadd!

Sgin ti bres?

SUSAN – Merch 13+

Daw Susan ymlaen a'i cheg ar gau yn dynn. Yna mae'n dangos ei dannedd i'r gynulleidfa – ond nid yw'n gwenu, dim ond dangos canlyniad ei hymweliad â'r deintydd. Mae wedi cael brês. Bydd angen llefaru'r llythyren 's' fwy fel y llythyren 'sh' neu 'th'.

Susan: Dwi newydd ga'l brês ar 'y nannadd a dwi'n 'i gasáu o'n barod! Dwi'n gwbod bod pawb yn deud 'na i'm difaru pan fydda-i'n hŷn, ond am **rŵan dwi'n** boeni! Am **heddiw**. Am **fory**. Am fynd i'r ysgol a gwynebu'n **ffrindia** fi i gyd ... a gwaeth byth, gwynebu rheiny sy' **ddim** yn ffrindia hefo fi! Dwi'n teimlo'n wirion, dwi'n siarad yn wirion ... a mwy na hynny, dwi'n **edrach** yn wirion.

Gesh i afal ar ôl cinio a dwi'm yn ama bod 'i hannar o'n dal yn styc rwla ar dop 'y ngheg i. Dwi'm yn dallt sut ma' peth felly'n mynd i neud unrhyw les. Ar adega mae o'n teimlo fatha bod hannar 'y mrecwast i i fyny 'na. A dwi'm yn ca'l 'i dynnu fo am naw mis! Naw mis! Ma' unrhyw air hefo 'es' yn'o fo'n hunlla! 'Nesh i boeri reit i wynab y ddynas cinio ddoe pan ofynnish iddi am sosej, bîns a *chips*. No wê dwi'n mynd i ginio heddiw a gofyn am *spare ribs* mewn *sesame* a *soy sauce*!

Dwi'm yn ca'l 'i dynnu fo o **gwbwl**, medda'r deintydd. Wat? Dim hyd yn oed i brodas 'y nghneithar? Dwi'n forwyn brodas iddi mis nesa a dwi 'di bod yn ca'l hunllefa am dynnu'r llunia.

'Nesh i dynnu chydig o *selfies* ohona fi'n trio gwenu heb ddangos 'y nannadd ag o'n i'n edrach fatha Admiral Ackbar o *Star Wars*! 'Nesh i ddilîtio bob un wan jac rhag ofn i rywun ga'l gafal ar fy ffôn i. Peth gora-i neud ydi jest peidio gwenu o gwbwl – am naw blincin mishsh – sori – 'mis'. (*Yn ymdrechu i ynganu'n iawn*)

'Di'n enw i ddim wedi helpu wrth gwrs – Susan! Ers imi ga'l y bali peth 'ma, ma' rei 'di meddwl ma' 'tysan' dwi – rei erill yn meddwl mod i'n 'sosban'. A ma' 'na un 'di meddwl mod i 'di gofyn am swshian! "Nac'dw diolch!" ddudish i wrtho fo'n syth – cofn iddo fo fynd amdani. O'n i'm ishio iddo fo wbod be o'n i 'di ga'l i frecwast!

"Nei di byth ddifaru hyn, 'sti, Susan," medda Mam am y pumad tro ers imi ga'l o. "Does 'na'm byd gwerth 'i ga'l yn yr hen fyd 'ma heb inni ddiodda chydig i'w ga'l o." Pam bod pawb sy' dros fforti'n deud petha mor wirion â hynna? Be mae o'n feddwl eniwe? Bod raid chdi sathru dy droed dy hun cyn cei di sgidia newydd? Ne os ti'n ennill gêm o denis ti'n gorfod rhoid swadan i chdi dy hun efo'r bat ar ddiwadd y gêm? Pa synnwyr sy' 'na mewn deud petha mor *annoying*?

> *Mae Susan yn rhoi ei bys yn ei cheg ac yn tynnu rhywbeth rhwng ei dannedd ac yn edrych arno ar flaen ei bys. Yna mae'n edrych ar y gynulleidfa.*

Bacon. Meddyliwch faint ma'r mochyn bach 'na 'di ddiodda jest er mwyn ca'l bod rhwng 'y nannadd i! 'Da chi'n meddwl bod y dyn yn y lladd-dy wedi deud wrth y mochyn bach 'na – "Gwranda, Jaci Soch – does 'na'm byd gwerth 'i ga'l yn yr hen fyd 'ma heb inni ddiodda chydig i'w ga'l o"?

Susan yn edrych ar ei horiawr.

Well 'mi fynd. Gin i dwbwl As Gref rŵan a newch chi byth geshio pwy 'dan ni'n stydio. Seimon Selotes! A wel, 'ymlaen mae Canaan', meddan nhw! Hwyl!

Be sy' mewn enw?

MAGI – Merch 13+

Magi: *(Yn dynwared llais athrawes)* "Magwen Griffiths! '**Dwy** gadair' ydyn nhw ac nid 'dau cadar'." *(Ei llais ei hun)* Fedra-i'm diodda pan ma' *teachers* yn gneud hynna. Pigo arnach chi o flaen y *class* i gyd. *(Athrawes)* "Benywaidd ydi cadair ac o ganlyniad mae hi'n treiglo o roi un neu dwy o'i blaen hi." "Be am tair ta?" ofynnish inna. *(Athrawes)* "Na, tydi'r gwrywaidd na'r benywaidd ddim yn treiglo ar ôl tair neu fwy – a gyda llaw, unwaith byddwch chi'n gwbod fod yna i dot ar ddiwedd y gair falla medrwch chi sillafu'ch cadair yn gywir hefyd." Ma' hi'n gneud i fi deimlo rêl lemon. Dwi'n gwbod na dynas 'di cadar ond 'dau cadar' ma'n ffrindia fi'n ddeud so dwi'n ddeud o fatha nhw, tydw – dim fatha'r llyfr. Pam ma' raid siarad fatha llyfr bob tro? Ag eniwe, pwy benderfynodd ma' hogan 'di cadar? Fedran nhw'm ca'l *sex change* weithia? *(Athrawes)* "Dysgwch eich cenedl enwa, hogan, ac mi fydd 'na obaith ichi basio wedyn." *(Magi)* Duuuuugh!

"Mae enwau benywaidd yn treiglo ar ôl y fannod ag eithrio geiriau sy'n dechrau ag **ell** a **rh**," medda hi wedyn.

Dyna chi rwbath arall sy'n *annoying* – y blincin 'ag eithrios' 'ma. Pam na fedrwch chi ga'l **un** rheol a sticio at honno? I be sy'shio'r 'eithrios' 'ma'n bob man? Rheol 'di rheol, ia ddim?

"Dau funud 'ta dwy funud dio 'ta, Miss?" ofynnodd rywun iddi wedyn. "Dau yn y gogledd a dwy yn y de," medda hitha, fel tasa fo'n hollol iawn i'r enwa 'ma newid 'u meddylia unwaith ma' nhw 'di pasio Machynllath. *Weird* 'ta be?

"Un brawd 'ta un frawd 'da chi'n ddeud 'ta, Miss?" ofynnodd Llinos Wyn iddi wedyn. "Un **b**rawd ydi-o, Llinos. Tydi'r gwrywaidd ddim yn treiglo ar ôl un. Un brecwast, un bardd, un bwrdd, er enghraifft."

"Gin i gneithar yn byw yng Nghaerfyrddin sy'n deud 'un ford', Miss," medda Llinos wedyn.

"Benywaidd ydi bord, Llinos, a gwrywaidd ydi bwrdd."

Wat? *Confused dot com* 'ta be?

"Be 'di mỳg 'ta, Miss?" meddwn inna, gan mod i'n gwbod bod Mam yn deud 'dau fỳg' ond 'dwy' ma' 'nhad yn 'i ddeud.

"Dau fỳg **dwi'n** 'i ddeud," medda hitha, ond toedd hi'm yn swnio'n rhy siŵr o'i phetha erbyn hynny, felly a'th hi'n syth ar 'i laptop i weld be oedd gin Brŵsi i ddeud. "Gwrywaidd ydi-o yn ôl Bruce Griffiths," medda hi.

"Ma' Dad yn rong felly?" ofynnish inna.

"Wel, ydi yn ôl Bruce."

"Ond dwi 'di clŵad lot o bobol yn deud 'dwy' am fỳg, 'chi, Miss."

"A be am bỳs?" medda Llinos Wyn. Ma'i thad hi'n beirniadu mewn steddfoda a ma' Llinos yn dipyn o 'droddrag 'i hun. A'th Miss yn syth yn ôl am 'i laptop ac yn ôl pob tebyg ma' Bruce 'di penderfynu bod bỳs yn medru bod yn ddynas ne'n ddyn –

a tei, **ag** eiliad – a rhestr hir, hir o enwa nad ydyn nhw'n siŵr iawn os mai dyn neu ddynas ydyn nhw. Felly be 'di'r holl ffŷs?

"Y 'ffŷs', Magwen" – gas gin i athrawon sy'n galw fi'n Magwen yn lle Magi – "Y ffŷs ydi'ch bod chi'n mynd i fethu os sgwennwch chi 'pedwar cadar' yn lle 'pedair cadair' – ma' hi mor syml â hynna."

"Syml?" ofynnish i fi'n hun. Be sy' mor syml am iaith lle 'da chi'n gorfod gwbod os mai hogyn ne hogan ydi bob enw sy'n bod – ac i neud petha'n waeth, tydyn nhw'u **hunan** ddim yn siŵr be ydi 'u hannar nhw! Nonsans 'ta be? Fydd gin y Bruce 'ma dipyn o waith atab pan wela-i o! Ond 'nesh i ddim mynd i ddadla mwy hefo Miss achos mi ganodd y gloch a Susnag oedd gin i nesa – a phan ddoth Miss James English i mewn be nath hi? Mynd at y bwr gwyn a sgwennu 'Autumn Term' ar y top a'i sbelio fo'n rong. Ma' **pawb** yn gwbod na does 'na ddim 'en' ar ddiwadd 'Autumn'! *Thick* 'ta beeeeee?

Byth eto

ANDREA – Merch 14+

Daw Andrea ymlaen mewn gwisg ysgol.

Andrea: 'Dach chi'n gwbod sud deimlad ydi-o i ga'l blanc ar stêj? Mae o fatha colli'ch pwrs, colli'ch ffor, colli'ch limpin a colli bỳs i gyd yr un pryd. A fel tasa hynny ddim cweit digon ichi ddygymod efo fo 'da chi'n colli'ch cariad yn y fargan. *Nice one!*

Llais: *(O'r esgyll)* Andrea! Ty'd!

Andrea: *(Yn gweiddi)* No wê, Carolyn! Dwi ddim yn dŵad hefo chdi, a dyna fo, iawn! Dwi'm ishio bod yn y blincin ddrama!

> *Yna mae'n troi at y gynulleidfa a dechrau sgwrsio.*

No wê dwi'n mynd i'r *auditions* i sioe ysgol 'leni 'de. Nefar! 'Nesh i ffasiwn lanast llynadd ma' pawb yn dal i siarad am y peth. O'n i **mor** nyrfys 'nesh i gymysgu 'ngeiria-i gyd, wedyn ddechreuodd pawb chwerthin, wedyn nath 'y mol i ddechra troi a wedyn 'nesh i ddechra llyncu 'mhoeri fesul dau air!

Gweld Malcolm yn y gynulleidfa gychwynnodd betha. Malcolm 'di 'nghariad i. Sori – *correction* – **cyn**-gariad. Oedd o'n ista efo'i ffrindia a pan welish i o tro cynta oedd o'n wên o glust i glust. Wedyn 'nesh i ddeud fy llinall gynta a phan ddudish i 'Mrs Pilchard' yn lle 'Mrs Pritchard' welish i Malcolm yn mynd yn goch i gyd a'i ffrindia fo'n dechra piffian chwerthin. Anghofish i lle o'n i'n llwyr am dipyn ac yn sydyn 'nesh i sylwi na doedd 'na neb arall ar y llwyfan yn deud dim byd. Wedyn mi wawriodd arna fi mai fy llinall i oedd i fod nesa ac oedd hi 'di mynd! Doedd 'na ddim byd yn dŵad yn ôl i 'mhen i, felly dyma fi'n troi at Mrs Jones Maths am brompt a wyddoch chi be nath hi? Edrychodd hi i lawr ar y sgript, codi 'i phen a gweiddi "Ac"! 'Ac'! **'Ac'**? Pa fath o brompt oedd hwnna, medda chi? Felly cwbwl fedrwn i neud oedd troi at Lowri Grug a deud "Ac ... " A wyddoch chi be ddudodd y gloman honno? "Ac, be?" Wedyn dyma fi'n troi 'nôl at Mrs Jones Maths a deud "Ac be?" A geshiwch be ddudodd hi. "Ac mae ... !" Ma'r ddynas i **fod** 'di ca'l coleg. Ma' ginni hi radd yn syms. *Duuuuugh?*

Dwi'm yn cofio be ddigwyddodd wedyn ond dwi'n meddwl bod y lleill wedi llwyddo i gario 'mlaen hebdda fi am sbel. Cyfan fedrwn i neud oedd edrach allan i lle oedd Malcolm yn ista a gweld na doedd o'm yno. Oedd o a'i ffrindia wedi diflannu dan sêt ac yn glana chwerthin. Wedyn dyma fi'n clŵad Anwen Bron Aber, oedd yn actio Mrs Pritchard, yn deud ei llinell nesa.

(*Acen eitha crand*) "Felly, be ydi'ch barn chi am yr economi, Mrs Puw?"

   Saib.

Cris-croes tân poeth, 'swn i 'di taeru du yn wyn na do'n i'm wedi clŵad y linall yna rioed o'r blaen yn 'y mywyd, felly dyma fi'n troi 'nôl at Anwen a deud ... "You wa'?"

"Eich barn chi am yr economi?" medda hi wedyn, yn edrach reit filan arna fi.

"Sgin i'm barn," medda fi wrthi, a cherddad yn syth o'r llwyfan i'r stafall wisgo – a gaddo i mi fy hun na fasa 'run o 'nhraed i'n mynd yn agos i lwyfan – **byth** eto!

Mae ei ffôn symudol yn canu.

Sgiwshiwch fi. (*Mae'n edrych ar ei ffôn a darllen yn uchel*) "Haia Andrea, lle w't ti? Jest ishio gadal chdi wbod bod Malcolm yn y clyweliada. Oedd o'n gofyn amdana chdi. Wela-i chdi wedyn, iawn. Ta-raaa."

Saib. Mae'n edrych ar y gynulleidfa. Nid yw ei thraed mor oer bellach.

O, dwi'm yn mynd os na dyna 'da chi'n feddwl! Pam dylwn i? Dwi'm yn licio *Grease* beth bynnag! Ac i neud petha'n waeth ma' Miss 'di alw fo'n 'Saim'. Ych! No wê.

Ennyd o ystyried.

Fasa Malcolm yn gneud Danny briliant ddo. Er ma' fi sy'n deud. Ginno fo dop jî *to die for*. (*Saib byr*) A ma' siŵr na Carolyn geith Sandy rŵan bo' fi ddim yn y *mix*. (*Mae'n ystyried ymhellach*) Hi 'di'r unig un arall fedar ffitio'r trowsus. (*Yn edrych ar ei horiawr*) Eniwe … well 'mi fynd … dwi jest ishio tshecio bod Carolyn yn cofio bod hi 'di gaddo dŵad efo fi i'r *gym* heno. Ond no wê ma-i'n mynd i lusgo fi i mewn i'r *auditions* 'na 'de. Dwi 'di deud na dwi'm yn neud o … a dwi **ddim** yn mynd yn ôl ar 'y ngair!

Fel mae Andrea'n cyflwyno rhan olaf y fonolog, lleia'n y byd mae hi'n ein hargyhoeddi y bydd yn cadw at ei haddewid. Dylai hyd yn oed ei cherddediad ar y ffordd allan gyfleu y bydd *hi'n mynd am glyweliad. Mae'n deialu rhif ar ei ffôn symudol. Mae'n sgwrsio wrth adael y llwyfan.*

Haia Carolyn ... Ti 'di bod? ... A'th hi'n iawn? ... Be, 'nes di? Anghofio dy eiria? ... O! bechod ... Pwy, fi? ... Na, dwi'm yn meddwl ... Ga-i weld ia ... Ella ... Pwy arall sy'n trio? ... Dwi'm yn gaddo'm byd, OK ... Be? ... Sgin ti gopi? ... Oes? ... Wela-i di wedyn 'ta ... Traaaa ...

Andrea yn cychwyn allan, yna'n edrych yn ôl ar y gynulleidfa.

Dwi ddim am neud o, iawn ... Dwi ddim! *(Ond tybed?)*

Cofiwch nad oes rhaid cael yr effaith sain ar y ffôn. Gall Andrea ei glywed heb fod y gynulleidfa'n ei glywed.

Amheuon

ANIA – Merch 14+

---

*Daw Ania ymlaen a golwg fymryn yn ddryslyd arni. Mae ganddi
ffôn symudol yn ei llaw neu yn ei phoced.*

Ania: Dwi newydd ga'l e-bost gin Trystan Puw a dwi'm yn
hollol siŵr os mai fo yrrodd o. Fedra-i'm bod yn saff o 'mhetha
achos dwi rioed 'di ca'l e-bost ginno fo o'r blaen a dwi'n ama
mai 'i ffrindia fo sy' 'di gneud hyn; creu cyfeiriad newydd jest
am jôc. Ma'n ffrindia fi i gyd yn gwbod gymaint dwi'n 'i licio fo
ac ella bod un ohonyn nhw wedi deud wrth 'i ffrindia fo a'u
bod nhw'n cymyd y Mici. **Dwi'n** meddwl na rwbath fel'na dio.

Mae o'n gofyn os dwi'n mynd i'r gìg yn yr Hen Farchnad nos
Sadwrn. Dio'm yn deud dim mwy na hynna, so does 'na'm lot
o gliw yn yr e-bost 'i hun. Ond be os dwi'n 'i atab o 'nôl a dim
fo **ydi-o**?

    Saib.

Ond wedyn ... be **tasa** fo'n go iawn? Be os ma' Trystan Puw
ydi-o a finna'n 'i anwybyddu o? Dwi'm yn siŵr iawn be i neud.
Os dwi'n 'i anwybyddu o, dwi'n gwbod na neith o'm gofyn eto
achos fydd **o byth** yn brin o ddewis. Ond os dwi'n 'i atab o a
dim fo ydi-o fydda-i'n destun sbort yn 'rysgol am fisoedd,
byddaf.

    Saib. Mae'n ystyried.

'Swn i wastad yn medru gofyn i Gwen os ydi **hi'n** gwbod rwbath. Ond fasa **hi'n** deud y gwir? Be os ydi hi'n rhan o'r cynllwyn **hefo** nhw? Be os mai hi gychwynnodd yr holl beth? Ond **fasa** hi? Fasa'n ffrind gora i'n gneud peth mor dan din â hynna, 'da chi'n meddwl?

Ffôn symudol Ania'n canu. Mae'n dychryn. Mae'n edrych pwy sy'n ei ffonio, yna'n edrych ar y gynulleidfa. Panig.

No caller ID! ... Be dwi'n mynd i neud? ... Be os mai fo ydi-o? Be 'na i? Be 'sach chi'n neud? Be tasa ...

Mae'r ffôn yn peidio canu. Saib. Ania'n edrych yn syn ar ei ffôn. Yna ar y gynulleidfa.

Pam 'nesh i hynna rŵan? Pam fush i mor stiwpid? Pam na fasach chi 'di deud wrtha fi am 'i atab o? Be oedd gin i i' golli p'run bynnag? Be oedd pwynt peidio? Fflipin ec! Am dwp!

Mae'r ffôn yn canu eto. Saib. Yna mae Ania'n rhuthro am y ffôn a'i ateb.

Helô? (*Mae ei mynegiant yn newid yn llwyr a'i llais fel candi fflos*) O haia ... ia, sori am hynna ... oedd 'yn ffôn i 'ngwaelod 'y mag i a 'nesh i fethu gyrradd o mewn pryd ... Sori? ... E-bost ... Naddo, chesh i'm ... un ... (*Yn ailfeddwl*) ... Ond ma' network ni 'di bod i lawr ond dwi **yn** mynd i'r gìg i'r Hen Farchnad 'de ... (*Yn mynegi i'r gynulleidfa ei bod newydd wneud clamp o gamgymeriad ac yn trio'i gorau i ailgodi pwythau'r sgwrs*) ... Ym ... wel ... ddudodd Mari 'i bod hi 'di clŵad ych bod chi'n mynd a ... wel ... ama falla bo' chi'shio tocynna ... ne rwbath ... gin i un sbâr os 'da chi'shio. (*Ania'n trio gwingo'i ffordd allan o'r gornel ond ei hwyneb yn cywilyddio hefo'i hymdrech. Mae'n* *gwybod ei bod yn gwneud joban wael ac yn tyllu mwy o dwll iddi ei hun. Yna mae'n difrifoli'n sydyn.)* Be? ... Sori? ... Ydi Gwen yn mynd? ... Ydi ... Ydi, dwi'n meddwl 'i bod hi ... Pam? ... Ishio 'mi ofyn rwbath iddi 'ti?... Gareth Williams? ... A Gwen? ... Dwi'm yn gwbod ... Fedra-i ofyn iddi 'de – os ti'shio ... Ia, iawn, gnaf siŵr ... Wbath ... arall? ... Ffonio Gwen? ... Ia, gnaf ... A ffonio chdi 'nôl? ... Ia, gnaf siŵr ... *(Ei mynegiant yn newid fymryn eto; yn fwy gobeithiol)* O, diolch ... grêt, 'sa hynny'n lyfli ... Iawn ... diolch ... Taraa.

Saib.

Dwi'n fwy conffiwsd rŵan nag o'n i gynna. Be oedd hynna, medda chi? Ydw-i 'di mynd drw hynna i gyd jest i drefnu dêt i Gwen hefo Gareth Williams? Ydyn nhw'n chwara jôc ar Gwen? Be 'di hyn, Ffŵl Ebrill 'ta be?

Saib. Mae'n deialu.

Oedd o **mor** glên ddo. 'Sach chi 'di glŵad o'n siarad, oedd o'n lyfli. Mae o math o foi fasa wedi tynnu 'i het ichi'n yr oes o'r blaen. A ma'i lais o mor neis 'sach chi'n medru lyfu fo.

Mae'n cael ateb.

Haia, Gwen? ... Ti'n dal yn dŵad i'r Hen Farchnad nos Sad, dwyt? ... Dwi 'di ca'l lifft i ni ... Gin Trystan Puw ... Iaaaaaa! Dwi'n gwbod ... **a** ma' Gareth Williams yn dŵad hefyd, OK ... ac os ti'n deud bo' chdi 'di newid dy feddwl 'de, Gwen ... ti'n *dead*!

Copsan

AWEL HAF – Merch 14+

Daw Awel Haf ymlaen i'r llwyfan yn darllen neges ar ei ffôn symudol; mae'n gwenu iddi ei hun cyn codi ei phen i edrych ar y gynulleidfa.

Awel Haf: Ges i gopsan yn copïo gin Mati Maths heddiw a dwi'n *gutted*. Bai fi oedd o, ma' siŵr, am gopïo gwaith cartra Siobhán yn lle un Catrin Heledd. OK ... dwi'n gwbod be 'da chi'n mynd i ddeud: 'Does 'na'm pwynt ichi gopïo gwaith rywun sy'n ca'l hannar 'i syms yn anghywir'. Ddyliwn i wbod yn well wrth gwrs. Tydi Siobhán ddim yn mynd i ennill *Mastermind* ... byth! 'Nes i ofyn i Catrin Heledd a Llŷr os fyswn i'n ca'l copïo'u gwaith cartra nhw gynta, ond wrthodon nhw'n syth. O'n i'm *really*'n disgwl i Catrin Heledd ddeud y cawn i achos a'th hi'n gandryll pan es i allan efo Llŷr yn parti Dolig llynadd. Oedd hi wedi bod yn mynd allan hefo fo ers Calan Gaea ond **oeddan** nhw ar wsos o frêc! "Dwi'm yn meddwl cymrith o'n hir i chdi weithio allan be fydd f'atab i i hynna, Awel Haf," medda hi, "ond ti'n mynd i ga'l dipyn mwy o gur pen efo'r syms 'na." Sguthan! A doedd atab Llŷr fawr gwell chwaith: "Os ti'n dympio fi, Awel, yna ti'n dympio'n syms i hefyd." Dyna oedd y fantais o fynd allan hefo swot y dosbarth am sbel. Es i o set tri i set un mewn hannar tymor! Dwi ar fy ffor 'nôl i lawr erbyn hyn wrth gwrs; diolch i Siobhán.

Oedd Llŷr yn hen foi iawn, ond fedrwch chi ddim treulio'ch nos

Sadwrn i **gyd** yn trafod Kate Roberts a'r *Theory of Pythagoras*. Ond oedd Llŷr yn medru! Oeddan ni'n edrach i fyny ar y sêr un noson ar ôl bod yn gweld *The Hobbit*, na 'nes i ddeall gair ohoni, a medda Llŷr, "Tydi-o'n anhygoel fod yr ochor hiraf i unrhyw sgwâr yn hafal i swm y sgwariau ar y ddwy ochor arall?" "Wst ti be, Llŷr," medda fi, "ma' hynna **mor** ddiddorol, fydd rhaid imi drafod o efo Siobhán yn 'rysgol peth cynta bora fory." Welodd o'm o'r jôc – nath o jest troi ataf fi a deud, "Ia, ia, ma' hwnna'n syniad da iawn, Awel Haf," heb arlliw o wên ar 'i wynab!

'Nesh i ddeud wrth Mati Maths bod fy nghi bach i 'di marw a ma' **dyna** pam 'nes i gopïo Siobhán. Ddudish i wrthi mod i rhy ypsét i feddwl am neud fy ngwaith cartra fy hun, ond gan nad o'n i ishio'i siomi **hi** 'nes i'r camgymeriad o gopïo. Dwi'n meddwl 'i bod hi 'di 'nghoelio fi; er bod Siobhán wedi sbio'n wirion arna fi a deud na wydda hi fod gin i gi o'r enw Waldo. Tydi hi byth yn gwbod pryd i gau-i cheg, ond 'nes i smalio crio a bob dim, ac er ma' fi sy'n deud o'n i'n swnio'n dda ar y pryd. Erbyn diwadd oedd Mati Maths a Siobhán 'di colli deigryn dros 'Waldo' ac yn coelio mod i newydd gladdu 'nghi bach yng ngwaelod y rar'. O'n **i'n** coelio hyd yn oed!

Fyddan ni'n gweld Mati Maths yn siopa'n Pepco ar fora Sadwrn weithia. Dwi'n gobeithio na welan ni mohoni am sbel rhag ofn iddi ddŵad i fyny at Mam i gydymdeimlo. Ges i hunlla noson o'r blaen 'i bod hi **wedi** dŵad atan ni wrth y silffoedd bwyd cŵn i ysgwyd llaw hefo Mam. "Ddrwg **iawn** gen i glywed am yr hen Waldo" oedd hi wedi 'i ddeud; a Mam wedi sbio'n hurt arni a deud 'i fod o wedi bod yn gollad i Gymru gyfan pan a'th o. Ac felly dwi 'di gweithio sym fawr bywyd allan wsos yma, a wyddoch chi be 'di'r atab? Peidiwch â gorffan hefo'ch cariad jest cyn yr aroliada. Felly dwi 'di tecstio Llŷr yn gofyn os dio awydd mynd i weld ffilm heno – ac i ddeud mod i newydd sylweddoli pa mor anhygoel ydi-o fod 'yr ochor hiraf i unrhyw sgwâr yn hafal i swm y sgwariau ar y ddwy ochor arall'. Dwi newydd ga'l negas yn ôl yn deud 'i fod o tu allan i'r labordy Cemeg. Gin i lot mwy i ddysgu am y 'sgwâr' 'ma. Well 'mi fynd, ond diolch am wrando.

Ti'n fy nghlywed i?

BRANWEN – Merch 14+

Mae Branwen yn eistedd yn llonydd yn edrych ar rywun yn gorwedd mewn gwely o'i blaen. Erys am ysbaid. Mae'n syllu am sbel cyn siarad.

Branwen: Os ti'n 'y nghlywed i plis paid â 'ngadel i nawr. Os ti'n mynd nawr bydd cyment o bethe heb 'u gweid. Pethe 'wi wedi bod yn moyn 'u gweid ers ache ond wedi ffili bob gafel. Ti yw'r unig ffrind iawn sy' 'da fi a nawr ti ddim yn siarad gyda fi chwaith.

> *Saib.*

'Wi jest ishe ti fadde i fi. 'Na-i gyd. Am beth 'nes i. Ches i ddim o'r neges a ... 'wi'n sori.

Os ti'n 'y nghlywed i plis gwed rwbeth. Unrhyw beth. Alli di jest symud dy liged os ti moyn. 'Na beth ma'r nyrsys i gyd yn weid. "Os chi'n gweld unrhyw arwydd o ymateb ar yr wyneb neu'r bysedd yna rhowch wbod inni'n streit." Plis, Siân ... unrhyw beth.

> *Saib.*

Feddyles i dy fod 'di **wedi** gweid rwbeth py nosweth a neides i lan. O'n i biti pwshio'r botwm i ganu'r gloch pan sylweddoles i taw'r ferch yn y stafell nesa o'dd wedi galw mas yn 'i chwsg. O'dd hi'n swno'n union fel ti ... wir.

Saib.

Un peth 'wi wedi 'i ddysgu o hyn, Siân ... 'Wi'n mynd i weid wrth Mam a Dad mod i'n 'u caru nhw bob dydd o hyn 'mlân. 'Na beth ni **ddim** yn 'i weid. Ni byth yn gweid y pethe iawn wrth bobol y'n i'n 'u caru. A 'nes i ddim 'i weid e wrthot ti ... A 'wi wir yn sori. Ti 'nghlywed i? 'Wi'n caru ti, Siân.

Saib.

Ti **yn** 'y nghlywed i, 'wi'n gwbod. Ti jest ddim yn gallu ateb 'nôl, wyt ti – 'na beth sy'. Sawl gwaith wedes i wrthot ti am bido dadle gyda fi? Am bido ateb fi 'nôl. A nawr 'wi'n erfyn arnot ti i wneud. Siân – plis ateb fi 'nôl!

'Wi 'di darllen yn rwle mai'r peth dwetha sy'n mynd yw'r clyw. A nawr bo' ti wedi bod yn cysgu am shwd amser mae'n **rhaid** dy fod di'n clywed rhywbeth. Mae'n rhaid bo' ti'n gwrando. Felly 'wi moyn iti wrando nawr ... Ches i ddim y tecst yn gweid ble o't ti tan ar ôl iti ... ar ôl y ddamwen.

Dim signal. 'Na beth o'dd. A nawr 'wi'n becso bo' ti wedi ... wel ... bo' ti'n meddwl mod i ddim yn dod. Mod i wedi dy adel di lawr a taw 'na beth fydd dy atgof olaf ohono-i. Y ffrind nath adel ti ar ben dy hunan. Ond fydden i ddim. Ches i ddim y tecst yn gweid bo' ti wrth dy hunan. A bo' ti ofon. Yn gofyn imi ddod draw nawr. Ti'n deall? Fyddet ti ddim wedi bod ofon tasen i **gyda** ti. Fyddet ti ddim wedi rhedeg ... a fyddet ti ddim wedi ... *(Bron â thorri ei chalon)*

Saib. Branwen fel petai hi wedi sylwi ar ryw newid.

Siân? Siân, gna fe 'to! *(Mae hi'n sefyll)* Plis, Siân ... os oeddet ti'n symud dy fysedd nawr i drial gweid rwbeth ... gna fe to! Plis!

Mae'n syllu ac aros. Mae'n ymateb eto. Cyfyd ei dwylo i'w hwyneb. Ai gobaith sydd yn ei llygaid?

Pont y Crychddwr

MABON – Bachgen 14+

Daw Mabon ymlaen yn gwisgo dillad tywyll.

Mabon: W't ti'n coelio mewn ysbrydion? Mi ydw i ... achos mi welis i un neithiwr ddwytha. Dwi'n gwbod dudi di bod gin i ormod o ddychymyg a mod i wedi clŵad ryw betha o'r blaen ... ond oedd hwn yn wahanol. Naci! Nid breuddwyd oedd hi chwaith. Paid â thorri ar draws! **'Nes** i weld rwbath, iawn! OK, dim jest 'rwbath' oedd o chwaith ... rywun ... hi ... Ia, hi oedd hi. Y ddynas 'ma. Welish i ... ddynas. Yn ymyl Bont Crychddwr, yn sefyll dan postyn lamp.

Ddaru hi'm deud dim byd ond o'n i'n deall yn iawn pam 'i bod hi yno. A naci, nid Mam oedd hi chwaith, OK. Ond dwi'n meddwl 'i bod hi'n **nabod** Mam. Paid â chwerthin!

O'n i'n gwbod ma' ysbryd oedd hi achos ... wel ... achos ti'n medru deud, dwyt. O'n i'n medru deud na doedd hi'm 'run fath â ... ni. Doedd hi ddim mewn dillad gwyn na dim byd tebyg i'r hyn ti'n ddarllan mewn llyfra am 'sbrydion ond ... oedd hi mor llonydd. Er bod 'na wynt yn chwthu'r briga ar y coed oedd 'i gwallt hi a'i dillad **hi**'m yn symud modfadd ... ar y cychwyn. Oedd y gwynt yn peltio a hitha fel delw jest yn sbio arna fi. **Reit** arna fi. Ond nid delw oedd hi achos mi wenodd. Coblyn o wên, fel tasan ni'n hen ffrindia.

Saib.

Ddudodd hi'm byd, medda fi. Mond hefo'i llgada oedd hi'n siarad. *(Yn gwylltio)* Oedd, mi **oedd hi** – paid â chwerthin! Tasat ti yna mi fasat yn gwbod yn union be oedd hi'n 'i ddeud. Oedd hi yno i ddeud bydd bob dim yn iawn. Deud na does dim angan imi boeni.

Wedyn mi gychwynnodd gerddad ... i fyny lôn chwaral a hebio'r hen doman.

Do siŵr – esh i ar 'i hôl hi achos mi ddudodd wrtha-i am neud – hefo'i llygid. O'n i'n gwbod ma' dyna oedd hi ishio-i mi neud. Unwaith cyrhaeddon ni twnnal bont relwe mi ostegodd y gwynt ond mi ddechreuodd 'i gwallt a'i dillad **hi** chwyrlïo fel tasa hi yng nghanol coblyn o storm. Dim pwt o awel ar gyfyl y lle a hitha 'nghanol corwynt.

Saib.

Ddoth 'na drên. A ti'n gwbod y sŵn ma' trên yn 'i neud pan ti'n sefyll dan bont relwe? Mae o fatha 'sa 'na ddaeargryn, dydi? Wel, oedd hwn yn waeth. O'n i'n meddwl siŵr bod y bont yn mynd i ddisgyn am 'yn penna ni ond ddaru hi ddim. Ddechreuodd hi chwerthin dros bob man a ddaru hynna neud i fi chwerthin hefyd. Y ddau ohonan ni'n glana chwerthin hefo'n gilydd fathag oeddan ni stalwm. Dwi'm 'di chwerthin fel'na ers ...

Saib.

A wedyn mi a'th. Gerddodd yn 'i blaen ag o'n i'n gwbod nad oedd fiw imi fynd ar 'i hôl hi. O'n i jest ishio deud hynna wrtha chdi achos 'nesh i fethu deud wrth Dad ar ôl mynd adra. Pan esh i i tŷ oedd 'i gariad newydd o yno a fasa hi'm 'di dallt. Dwi'm 'di medru deud llawar o'm byd wrthi hi eto achos tydi'r geiria jest ddim yn dŵad. Dwi'shio gweld Mam gymaint, does 'na'm byd arall dwi'shio ddeud wrthi a dwi'n siŵr mai dyna'r peth dwytha ma' **hi** ishio glŵad. Ond dwi'n gwbod fydd bob dim yn iawn yn diwadd, a ma' hynna'n gneud imi deimlo'n well.

Dwi am fynd dan bont relwe eto heno. Dwi'm yn meddwl wela-i'm byd ond jest rhag ofn. Gei di ddŵad efo fi os ti'shio.

Mabon yn gadael y llwyfan wysg ei gefn yn dal i edrych ar ei ffrind.

Na?

Yn amlwg, dyw'r ffrind ddim am ei ddilyn, ac felly mae'n gadael ar ei ben ei hun.

Cynildeb

MIRIAM – Merch 14+

Merch gyffredin yr olwg. Dim byd yn arbennig am ei gwisg.
Dirodres – gonest.

Miriam: Pan w't ti'n siarad hefo fi weithia, hyd yn oed pan 'dan ni'n siarad fel ydan ni rŵan, ti'n medru deud petha sy'n 'y mychanu i. Er na ti'm yn 'i ddeud o'n gas ma' **be** ti'n ddeud yn 'y mrifo i, f'atgoffa i o rywun arall, ond dwi ddim am ddeud wrthat ti pwy am nad ydw-i'n barod i hynny eto. Ond pan ti'n deud y petha slei ti weithia'n 'u deud, ti'n fy nhynnu i i lawr – a dwi ddim yn meddwl medra-i fod hefo rhywun sy'n gneud hynny o hyd ac o hyd.

Llew, gwranda arna fi ... plis, gwranda arna fi. Ma' hyn yn bwysig a dwi'm ishio chdi amddiffyn dy hun hefo esgusodion. Dwi'm yn siŵr os ti'n meddwl mod i ddim cystal, ne ddim mor glyfar â chdi, ond felly ti'n gneud imi deimlo. Beth bynnag ydi-o, fedra-i'm byw hefo fo ddim mwy.

Ti'n 'i neud o mor gynnil, tydi pawb ddim yn sylwi ... dim ond fi. Dwi'n 'i weld o'n dŵad o bell amball waith. Gwbod yn **union** pryd mae o'n mynd i ddigwydd. Weithia mae o'r ffor ti'n chwerthin cyn 'i ddeud o. Dro arall y ffor ti'n sbio ydi-o. Dro arall dwi'm yn 'i weld o'n dŵad o gwbwl. Mond un gair a dwi'n syrthio'n ddarna. Cadw gwynab ar y tu allan ond yn sgrechian tu mewn. Tu mewn sy'n malu gynta bob gafal. Fedri di waedu o'r tu mewn ar ôl damwain a neb yn gwbod 'i fod o'n digwydd. Neb yn 'i weld o. Chdi 'di 'namwain i, Llew.

Dwi'n deud hyn wrthat ti am mod i'n dy garu di. Ond os na fydd o'n peidio dwi am iti wbod y bydda i'n cerddad ... yn ddigon pell. Dwi ddim am garu rywun sy' ddim yn fy ngharu i ... yn union fel ydw-i. Dwi am ga'l fy mharchu. Fel pawb arall ... dwi'n 'i haeddu o.

Cerdda ymaith yr un mor ddirodres.

Ffactor Z

ANWEN – Merch 15+

Gall fod mewn gwisg ysgol neu yn ei dillad ei hun. Does dim angen iddi fod mewn unrhyw wisg arbennig. Dyfalwch chi sut ddillad fyddai Anwen yn eu gwisgo bob dydd. Cofiwch mai wedi bod yn y clyweliad wythnos yn ôl y mae hi.

Anwen: A'th Mam â fi i *auditions X Factor* wsos dwytha ag o'n i'shio marw! Ma' Mam yn un o'r bobol 'na sy'n meddwl bod gin i lais fatha Charlotte Church a mod i'n mynd i neud fy ffortiwn cyn bydda-i'n ddeunaw. Na, sori … 'di hynna'm cweit yn wir. Mam ydi'r **unig** un sy'n meddwl bod gin i lais fatha Charlotte Church. Ges i drydydd yn steddfod Mynytho ryw fis yn ôl a ddudodd y beirniad bod fy llais i'n 'dangos addewid' a bod gin i ddyfodol o 'mlaen ond imi weithio'n galad. Ond ma'r beirniaid 'ma-i gyd yn gwbod bod rhaid ichi ddeud **rwbath** clên ar ôl iddyn nhw ddeud ych bod chi 'di 'torri brawddeg, colli tonyddiaeth yn yr ail bennill a dŵad i mewn yn y lle rong yn y coda'. Ond a'th Mam ar 'i phen i'r geiriadur ar ôl dŵad adra i weld be oedd 'addewid' yn 'i feddwl a dyma'i llygad hi'n gloywi drwyddyn. "Ti'n gweld!" medda hi. "Gin ti **botensial**, Anwen! Ddudish i, do? Potensial oedd gin Tammy Jones cyn iddi fynd ar *Opportunity Knocks*. Potensial oedd gin Cheryl Cole cyn iddi fynd ar *Pop Idol*. A photensial oedd gin Charlotte Church cyn iddi fynd ar … Gavin Henson … felly ti'n gweld! Ma'r byd o dy flaen di, Anwen bach!"

Ddalion ni drên o stesion Bangor i Fanceinion a fuon ni'n ciwio am wyth awr! Oedd Mam methu dallt pam bod y ddynas 'ma efo lot o fêc-yp a dim llawar o Susnag yn mynd â ni i ryw stafall yn y cefn i ganu, a'r peth cynta ddudodd Mam oedd *"Hold the boat! Where's Simon Cowell?"* Nath y ddynas heb lot o Susnag drio deud wrthi nad oedd pawb yn ca'l **mynd** o flaen y panel ond os o'n i'n ddigon da oedd 'na jans cawn i ganu iddyn nhw nes ymlaen. *"But she won a prize in* Mynytho *in Sepdembyr, and Ieuan ap Rhisiart confirmed that she had an 'addewid mawr'."*

'Nes i deimlo fatha chwech ag o'n i'n gwbod na doedd 'Migldi Magldi' ddim yn mynd i fod yn ddewis call. Er bod gin i *backing track* ag o'n i'n gneud step y glocsan ar y canol, o'n i'n gwbod na doedd o ddim yn *X Factor* math o rwtîn.

Ches i'm mynd i weld Simon Cowell, ellwch fentro – a dwi rioed 'di bod mor falch yn 'y mywyd achos dwi'n siŵr, **taswn** i 'di mynd drwadd, fasan nhw mond wedi neud o er mwyn ca'l sbort am 'y mhen i. Ond wrth gwrs, mi welodd Mam 'i chyfla i neud un sbloetsh arall ohoni'n do. Welodd hi'r *booth* 'ma lle o'dd 'na gyfla ichi gwyno am y beirniaid a ballu ac mi a'th ar 'i phen i mewn iddo fo heb sychu 'i gwefla. Mi galwodd hi nhw'n bob enw dan haul a deud bod y safon lot uwch yn Mynytho yn Sepdembyr, a na doedd 'na'm byd i guro steddfoda bach Cymru, a na chewch chi ddim byd gwell yn y West End na gewch chi ym Mwlchtocyn ac Uwchmynydd. Ma-i ar YouTube erbyn hyn yn bytheirio, a ma-i 'di ca'l dros filiwn o *hits* yn barod! Hi ydi dros **hannar** rheiny wrth gwrs, a bob tro ma-i'n 'i wylio fo ma-i'n deud, "Yli! Ma' 'na dros filiwn o bobol yn gwbod am steddfod Mynytho rŵan! A wyddost ti ddim ... ella down nhw i gyd i gystadlu yno flwyddyn nesa!" Tydi hi ddim wedi sylwi be ma' nhw 'di galw hi ar YouTube eto. *'Hysterical Welsh Mum!'* Dyna ma' nhw wedi 'i galw hi! A wyddoch chi be ... tydyn nhw'm yn bell o'u lle. Gin i ragbrawf unawd o sioe gerdd nesa ... *Wicked! Wish me luck!* Taraaa!

Diwedd y byd

LLINOS – Merch 15+

Llinos: Dwi ddim yn gwbod be i neud a 'di hynna ddim fatha fi. Fi 'di'r geg fawr fel arfar ond fedra-i ddim clŵad fy hun yn 'i hagor hi i ddeud "Mam, dwi'n disgwl". Tri gair bach a fedra-i'm dychmygu fy hun yn 'u deud nhw ... byth. Dwi'n gwbod na fysa hi'm ishio clŵad a fasa 'na lot o grio, a hynny dwi methu wynebu. Mam yn crio ... eto. Ma' hi 'di gweld digon o grio heb i mi fynd i neud petha'n waeth. Hen friwia. 'Di petha'm 'di bod yn briliant ers i Dad fynd a dwi'n gwbod bysa un peth arall yn mynd yn rong jest yn troi'r drol ben ucha waerad. Ond dwi'n saff o un peth ... ma'r babi'n aros. Ac os 'di'r babi'n aros ma' Mam yn mynd i wbod rywbryd, ac os daw hi i wbod fydd hi'n ddiwadd y byd, a dwi ddim ishio iddi fod yn ddiwadd y byd ... dim eto ... dim ar ôl tro dwytha.

Os 'di diwadd y byd 'di bod, sut fedri di ga'l un arall? Dyna 'da chi'n 'i feddwl, dwi'n gwbod – ond i chi, sy' rioed 'di brofi fo, newch **chi** byth ddallt. Raid ichi fod wedi byw drw ddiwadd un i wbod fod modd ca'l sawl un a fedran ni'm fforddio ca'l un arall yn tŷ ni. Dim ers i Daniel ... ers i 'mrawd ... fynd.

Ar ôl i Dad adal ddigwyddodd o. A'th Daniel i bob math o lefydd yn 'i ben. Gneud stwff. Gadal llanast yn bob man. Lle bynnag oedd o'n mynd oedd 'im otsh ginno fo ... am 'im byd ... dim hyd yn oed Mam. Oedd hi'n meddwl y byd o Dan. Oeddan ni i gyd yn. Hyd yn oed y penna bach nath meshio'i ben o ... Dan oedd y boi. Y *main man*. Oeddan nhw-i gyd yn y cnebrwn – yn wyn fel y galchan ag yn edrach yn euog o rwbath. Oedd Mam 'di gwadd pawb i'r Ship ar ôl bod yn y crem ag mi ddaethon nhw yno'n un fflyd. Sŵn i gyd erbyn hynny. Unwaith oedd Dan 'di mynd oeddan nhw fel tasa 'na'm byd 'di digwydd.

"Ti'm yn gwbod," medda Kathryn pan ddudish i wrthi mod i methu deud wrth Mam, "ella fydd hwn union be ma' hi ishio glŵad."

"Be ti'n feddwl?" ofynnish i. "Ti'n meddwl bod sbrog bach newydd yn mynd i lenwi'r tylla sy' 'mywyd Mam?" Nath hi mond sbio'n wirion arna fi am dipyn achos tydi Kathryn ddim 'di bod i ddiwadd y byd … rioed.

"Mond trio helpu o'n i, Llinos," medda hi, a nath hynny fi deimlo'n waeth. O'n i'n **gwbod** ma' trio helpu oedd hi ond **doedd** hi ddim. Beth bynnag fasa hi 'di ddeud fasa fo ddim 'di gweithio. Sud medra hi helpu a hitha rioed 'di gorfod poeni am 'im byd. Peth gwaetha ma' Kathryn 'di ga'l 'di *verruca* a chur yn 'i phen. Gosa ddoth **hi** at ddiwadd y byd oedd 'i dentist hi'n deud wrthi bydda raid 'ddi ga'l brês.

Saib.

Dwi'm yn meddwl bo' Kathryn wedi deud wrth neb yn 'rysgol ond dwi'm yn ama'i bod hi 'di deud wrth 'i mam. Gwadu ddaru hi pan ofynnish i iddi. "Ddudis di bo' chdi'n deud bob dim wrth dy fam," meddwn i. "O **tydw-i** ddim, iawn, Llinos!" sgrechiodd hi 'nôl. Ond dwi'n dal ddim yn siŵr 'de. Nath hi weiddi fo 'ipyn bach rhy uchal. Ddoth 'i mam hi i nôl hi i'r ysgol heddiw ag oedd 'na rwbath yn y ffor ddaru hi sbio arna fi. "'Sach chi'n licio lifft adra, Llinos?" ofynnodd hi a 'nesh 'i hama hi'n syth.

Saib.

Dwi'm ishio i mam Kathryn ddeud wrth Mam. 'Sa hynny'n waeth na deud wrthi hi fy hun. A beth bynnag ... dwi'shio gweld 'i gwynab hi pan ddaw hi i wbod 'i bod hi'n mynd i fod yn nain. Dwi ddim mewn cariad. Dwi'n gwbod na ddylwn i ddim bod wedi gneud peth mor wirion â be 'nesh i ... Ond dwi **yn** caru Mam ... ac os 'di Mam yn 'y ngharu i ... wel ... **fydd** hi ddim yn ddiwadd y byd ... yn na fydd? Dechra rwbath fydd o ... 'de? ...

Brenin

DYLAN – Bachgen 15+

Cerdda Dylan ymlaen mewn hwdi a jîns. Gall fod yn ei wisg ysgol ond, os mai dyna eich dewis, ddylai o ddim edrych yn rhy drwsiadus. Mymryn o fwd ar ei bengliniau efallai, i roi'r argraff ei fod newydd fod yn cicio pêl yn ystod amser chwarae.

Dylan: Fush i'n gweld y ddrama 'ma gin Shakespeare neithiwr a dwi'n dal ar goll. Dwi'n hollol, hollol conffiwsd. O'n i mewn uffar o fŵd drwg yn mynd ar bỳs i ddechra, felly oedd hynny'm lot o help. (*Saib*) Malcolm Weeks gath i ddewis yn gaptan eto. Fo oedd captan llynadd a flwyddyn cynt 'fyd. Ac i rwbio halan i'r briw oedd o'n ista reit drws nesa i fi'n Feniw Cymru'n gwatsiad y ddrama. Taswn i 'di ca'l 'y mhump ar y gyllath 'na 'sa fo 'di cha'l hi yn 'i fan gwan. Er na 'udodd o'm byd oedd o'n gwenu weithia fel tasa fo'n gwbod. Gwbod yn iawn mod i'n ca'l 'y nghorddi. *Hubble-bubble* mawr yn 'y mol i. Ma'r hogia-i gyd yn deud 'swn i'n well captan. Ma' hyd 'noed rei o'r genod yn deud. A mae o yna am y drydedd flwyddyn – no wê 'di hynna'n *fair play* 'de. Felly dyna pam o'n i mewn uffar o fŵd drwg yn mynd i weld y bali ddrama 'ma'n Llandudno. Ag i neud petha'n waeth ddoth 'na homar o storm fel oeddan ni'n mynd o'r bỳs i'r theatr ag o'dd gin i'm pwt o gôt – a fo, *loverboy* Weeks, yn rhannu ambarél efo Andrea Puw – yn sych fatha bechdan Caffi Dre. O'n i'n dal yn damp yn *half time*.

Dwi'm yn coelio mewn gwrachod i ddechra, so doedd hynna fawr o help. Oedd gin y dair ohonyn nhw locsyn a **sgin** merchaid 'im locsyns; a doedd hynna mond ar gychwyn y peth! Ddudodd yr un hylla ohonyn nhw wrth y boi 'ma oedd newydd ennill y rhyfal i Sgotland 'i fod o'n mynd i fod yn frenin, a pan a'th o adra i ddeu'tha'i wraig nath honno ddechra rhoid syniada crap yn 'i ben o. Deud bod o'n dipyn cryfach boi na'r hen frenin oedd ginnyn nhw'n barod a bysa **fo'n** gneud lot gwell job na hwnnw tasa fo'n ca'l 'i facha ar y goron. Oedd y brenin go iawn yn **digwydd** bod yn 'u castall nhw'n ca'l uffar o sesh noson honno a pan a'th hwnnw i'w wely'n fuan, am 'i fod o'n hen a 'di ca'l llond cratsh, dyma'r hen fòd yn deu'tha'i gŵr ma' rŵan oedd 'i jans o; stabio fo yn 'i geubal a sblashio'i waed o dros y gwas bach oedd wedi ca'l KO tu allan i'w ddrws o a rhoid y bai i gyd ar hwnnw'n bora. *Up there for thinking!* Ddechreuodd o weld petha wedyn, do – dagyr yn siarad efo fo a petha *weird* fel'na. Erbyn yr *interval* o'n i wir 'im yn gwbod be oedd yn mynd ymlaen a ddudodd Miss wrtha fi am jest trio dallt be fedrwn i. "**Dwi**'n ddallt o," medda pen bach Weeks a mynd i brynu *ice cream* iddo fo a'i fodan. Oedd yr *hubble-bubble* yn 'y mol i'n waeth ar ffor adra. O'n i'n medru weld o'n snogio'n sêt gefn ar y winsgrin o 'mlaen i ag oedd o'n **gwbod** mod i'n sbio arno fo hefyd. Gneud ati … fatha 'sa fo mewn ffilm.

Pan gyrhaeddish i adra oedd Mam yn 'i gwely. A mi dduda-i un peth 'thach chi 'de, o'n i'm rhy cîn pan waeddodd hi arna fi i ddiffodd gola landing. Mond hi a fi sy' adra rŵan ag oedd bob man arall yn dywyll. O'n i'n dal yn gweld petha yn 'y mhen. Er bo' fi'n hollol ar goll efo be oedd y boi Shakespeare 'na'n drio ddeud, ma' raid mi gyfadda un peth – do'n i'm yn *bored* 'de.

Ond gesh i uffar o ddos o annwyd ar ôl bod a fush i'n ca'l hunllefa drw nos. Gweld bob matha o betha o 'mlaen i. O'n i'n gaptan y tîm ffwtbol a bob dim. Curo bob gêm oedd yn mynd a malu pawb yn racs ar y ffor. O'n i 'di taclo Malcolm Weeks yn gêm gynta tymor a 'di chwalu 'i ben-glin o'n racs. Oedd o allan am y rest o'r flwyddyn a fi oedd bòs. (Saib) Pan ddeffrish i o'n i'n chwys doman ag yn teimlo'n uffernol – o'n i'n falch na breuddwyd oedd hi. Pan esh i lawr grishia gesh i uffar o bolycing gin Mam am adal gola landing ymlaen.

Cam

GWYN/GWYNETH – Bachgen/Merch 15+

Daw Gwyn/Gwyneth ymlaen yn edrych ar y gynulleidfa (a'r beirniaid) a golwg amheus arno/i.

Gwyn/Gwyneth: Ddudodd y beirniad llynadd na do'n i'm 'di cyflwyno'r fonolog yn ddigon naturiol. Doedd o ddim yn teimlo mod i wedi 'credu' digon yn yr hyn oeddwn i'n 'i ddeud, ma' raid. Gormod o seibia, medda fo. *(Saib eitha hir)* Ond be ŵyr o faint yn union ma' saib i fod i bara? Ma' pobol yn seibio mor hir â lician nhw mewn bywyd bob dydd – a mewn drama. Mi ddudodd o hefyd mod i'n pwysleisio geiria dibwys. Wyddwn i ddim fod yna ffasiwn beth â gair dibwys. Y cyd-destun sy'n bwysig, ia ddim? Ydi 'a' neu 'o' yn air dibwys, dudwch i mi? Fyddwn **i**, falla, ddim yn pwysleisio'r 'a' taswn i'n deud 'gesh i datws a moron i ginio heddiw' – ond **mi** faswn i taswn i'n deud 'gesh i datws **a** *chips* i ginio heddiw'. Dwi'n siŵr ych bod **chi'n** dallt yn iawn be sgin i. Ond ydi'r **beirniad** yn dallt 'di'r cwestiwn. Ma' siŵr byddan nhw'n trafod hyn hyd at syrffad ar y radio os ca-i lwyfan – ond os na cha-i pwy fydd callach 'te? Yr holl fisoedd 'na o 'marfar a chaboli'n mynd yn angof mewn un sgribl o feirniadaeth mewn llawysgrifen annealladwy. *(Wrth y beirniad)* A gyda llaw – os mai fi fydd yr 'agosaf i'r llwyfan', plis peidiwch â deud hynny ar y darn papur 'na o'ch blaen chi. Tydi boddi yn ymyl y lan ddim cysur i neb yn y byd. Boddi 'di boddi 'di boddi ...

Saib hir wrth syllu ar y gynulleidfa/beirniad. Ebwch.

Oedd y saib yna'n fwriadol hir gyda llaw – nid wedi anghofio 'ngeiria oeddwn i; mond cyfri i ddeg. Ma' ishio weithia – pan ma' rywun wedi chwysu chwartia'n cynefino â'r darn a 'da chi'n dŵad i ragbrawf a chael llond dwrn yno'n gwrando arnach chi; 'da chi'n mynd yno'n blygeiniol tra ma' pawb arall yn cuddio'n rwla ar y maes a ma'r cyfan drosodd cyn chi ddeud 'pagoda'. (Tu ôl i honno ma' gweddill y cystadleuwyr yn cuddiad fel arfar!) 'Da chi mor nerfus 'da chi'm hyd yn oed yn cofio'r profiad yn iawn. A thair awr yn ddiweddarach, pan ma'r hen stejars yn troi fyny, ma'r beirniaid wedi hen anghofio amdanoch chi a'ch siort oedd yno'r un pryd â'r tiwniwr piano.

Ac os byddwch chi mor lwcus â gweld ych enw ymhlith y detholedig rai sy'n cael llwyfan – be wedyn? Treulio gweddill y dydd yn poeni y byddwch chi'n baglu ar draws eich geiria yn y pafiliwn, neu waeth fyth, yn anghofio be sy'n dŵad nesa. Felly sut yn y byd ma' gofyn i rywun sy'n sefyll ar lwyfan yn siarad hefo rhywun nad ydi-o rioed wedi 'i weld yn 'i fywyd o'r blaen, yn deud geiria rhywun arall ac yn llawn nerfa, sut ma' posib i rywun felly swnio'n naturiol, medda chi?

Mae'n edrych ar y llawr yn sydyn. Saib. Yna'n bloeddio nerth esgyrn ei ben/phen.

Waaaaaaaaaaaa! *(Saib arall)* Pry cop! Ar fy marw! Cris-croes tân poeth, torri 'mhen a thorri 'nghoes – dwi newydd weld pry cop anfarth. *(Yn edrych ar y gynulleidfa'n betrusgar)* Dwi'n gobeithio'ch bod chi'n fy nghoelio i ne fydd rywun yn saff Dduw o ddeud na do'n i'm yn swnio'n ddidwyll a na tydi-o'm yn beth naturiol nac yn gydnaws â'r darn i ddŵad â bali pry cop i mewn i'r stori. Ond oedd 'na un yna ... go iawn! Casáu pryfid cop â chas perffaith. Ond **mi** oedd 'na bry cop yna gyn sicrad â mod i'n sefyll yn fan hyn rŵan.

Mae'n gwasgu'r pry cop yn seitan ar y llwyfan.

Saib.

A dyna hynna! Dwi'n mynd i'ch gadal chi rŵan – i bendilio dros yr hyn dwi newydd 'i ddeud ... a'i neud. Dwi'n mynd i adal i'r beirniad grafu 'i ben, a thra 'da chi wrthi dwi'n mynd i ga'l 'y ngwynt ata-i, dwi'n mynd i ga'l *milk shake* mefus **a** dwi'n mynd i ga'l coblyn o gam! *(Syllu ar y beirniad a rhoi winc arno/i)* Ond hitiwch befo! Peth fel'na 'di steddfod, 'te! Barn y beirniad ydi-o! Cystadlu sy'n bwysig! Y cymeryd rhan bla bla bla! ... Wela-i chi nes 'mlaen ... falla? *(Wrth fynd allan)* A gobeithio fod hwnna'n ddigon naturiol ichi ac os nad oedd o, wel ... tyff!

Amlwch!

KARL – Bachgen 15+

Daw Karl i mewn yn gwisgo gwisg dawnsio disgo eitha llachar. Mae golwg bwdlyd arno ac mae'n eistedd ar gadair gan dynnu rhan o'i wisg a'i lluchio ar y llawr mewn tymer.

Karl: Chesh i'm llwyfan. *Obviously.* Tair hogan sy' 'di ca'l eto flwyddyn yma ag oedd dwy ohonyn nhw o Amlwch – eto! Oedd ginnyn nhw fwy o *sequins* na tîm *Strictly* i gyd efo'i gilydd … **a** ma' ginnyn nhw dactics! Bob blwyddyn ma' nhw'n sodro rywun yn y gynulleidfa i ddechra clapio ar ganol 'u rwtîn nhw ac erbyn y diwadd ma' pawb yn y rhagbrawf ar 'u traed ac yn dechra mynd yn boncyrs. Sut fedrwch chi beidio rhoid llwyfan iddyn nhw a nhwtha 'di ca'l *standing ovation?* Mewn prîlum! Dwy ddynas oedd yn beirniadu a dwi'n siŵr bod ginnyn nhw *thing* yn erbyn hogia mewn *lycra*. Oeddan nhw'n sbio'n reit od arna fi cyn i fi **ddechra** downshio. Tydyn nhw'm 'di rhoid dim un hogyn ar llwyfan a dwi'n meddwl bod hynna'n hollol, hollol boring, sori. A dwi'm jest yn deud hynna achos ma' fi oedd yr unig hogyn yn cystadlu – dwi'n deud hynna achos na dyna sy'n digwydd **bob** blwyddyn. Oedd Neil – *(Mae'n ynganu'r enw 'Neil' â chas perffaith)* – yn trio llnadd hefyd – a chath **o** ddim byd ginnyn nhw chwaith. 'Run beirniaid, 'run *sequins*, 'run miwsic a'r un … Amlwch!

Ma' ginnyn nhw grŵp yn erbyn ni fory hefyd! Na – sori – tydi hynna'm cweit yn wir. Ginnyn nhw **ddau** grŵp yn erbyn ni fory. Nath Neil ddanfon tecst imi i ddeud. Diolch yn dalpia, Neil!

Gaethon ni bedwerydd llynadd a mond tri oedd yn cystadlu. Dau grŵp yn ca'l llwyfan ag oedd ginnyn nhw'r gwynab i sgwennu 'agosaf i'r llwyfan' ar 'yn beirniadaeth ni! *Cheeks* 'ta be? Naethon nhw'm rhoid llwyfan inni achos bod 'na eiria Susnaig ar 'yn trac ni. Be ma' nhw'n disgwl inni neud – gneud steps hip-hop i 'Safwn-yn-y-blwming-bwlch'? Mond 'Let's Boogie – Let's Boogie-woogie-woogie' oedd y lyrics! Pan ma' Huw Chiswell yn canu bŵ-bŵgi-bŵ mae o'n cyfri fatha trac Cymraeg!

Dwi'n meddwl bod ginnon ni **lot** gwell rwtîn 'leni ddo. 'Dan ni 'di ca'l y bocs bach/bocs mawr yn berffaith tro 'ma. (*Mae'n ymarfer*) Bocs bach/bocs mawr a cloc/*two/three/four* – Bocs bach/bocs mawr a cloc/*two/three/four*.

   Saib.

Mae o'n edrach lot gwell pan 'dan ni i **gyd** yn 'i neud o. 'Nenwedig os 'di Siobhán efo ni. Hi sy'n sefyll yn y pen blaen fel arfar achos ma-i'n gwbod lle ma'r bîts iawn i gyd yn dŵad. So 'dan ni i gyd yn copïo Siobhán. Os na 'di Siobhán yn cychwyn ar y bît iawn ma' petha'n medru mynd yn flêr. Weithia. Weithia ma' rei'n gneud y bocs bach/bocs mawr tra ma' lleill 'di cychwyn y cloc. Oedd Neil jest yn stopio downshio os oeddan ni'n mynd yn rong, troi 'i llgada'n 'i ben a dechra rhoid bai ar pawb arall. Dio'm efo'r grŵp rŵan. Mae **o** 'di joinio … dio'm ots.

Gafodd Siobhán *hayfever* a methu dŵad i steddfod llynadd. Dyna pam chaethon ni'm llwyfan, dwi'n meddwl. Oeddan ni 'di gorffan *way* o flaen y trac a nath y pyramid golapsio achos fi oedd ar y top ag o'n i 'di bod yno lot rhy hir. Nath rywun ddeud 'sa well 'san ni 'di dewis trac Geraint Jarman – 'Methu dal y pwysa'. O'n **i'm** yn gweld hynna'n *funny* fy hun 'de, sori. Nath Gwen dislocetio'i braich hi a dyna pryd nath Niel ddeud 'i fod o'n gadal y grŵp. Mond pump ohonan ni oedd ar ôl erbyn amsar cinio, so oedd Miss Richards yn falch na chafon ni'm llwyfan. Ma' raid chi ga'l wyth i neud grŵp, felly 'san ni'm 'di ca'l downshio beth bynnag, medda hi.

Ond 'dan ni lot gwell 'leni. Ma' Siobhán yn ffit a ma'i chwaer bach a'i chneithar hi 'di joinio'r grŵp. So *watch this space* – Neil! Ti'n mynd i ddifaru hyn – o wyt! *(Mae'n parhau i ymarfer wrth adael y llwyfan)* Bocs bach/bocs mawr a cloc/dau/ tri/pedwar – bocs bach/bocs mawr a cloc/dau/tri/pedwar – step bach/*change*/step ball/*change* a **RHEWI!**

> *Mi fydd yn rhaid ichi gael dipyn o hyder i lwyfannu'r fonolog uchod. Byddwch yn ddewr!*

Nodyn – *Siapiau arbennig i rythmau yw'r bocs bach/bocs mawr a'r cloc. Gwnewch eich ymchwil!*

Run! Bitch Run!

KIM – Merch 15+

Ni ddylai gwisg Kim ddweud gormod wrthym am ei sefyllfa. Mae ei hymarweddiad a'i hosgo'n bwysicach na'r wisg. Os oes gennych wallt hir yna gellid yn hawdd wisgo cap gwlân (beanie tywyll efallai?).

Kim: Dwi'n meddwl bod gin i ddigon o bres ar ôl i ga'l tua tri pacad o grisps eto. *Salt and vinegar* dwi'n licio ora ond dwi'n prynu tri gwahanol weithia. Mae o'n teimlo fatha bo' chdi'n ca'l mwy os 'di'r blas yn newid bob hyn a hyn. **A** mae o'n stopio chdi rhag bod yn *bored*. Weithia fydda-i'n cymysgu pacedi er mwyn i fi ga'l sypréis. Fatha chwara *Russian Roulette*. Honno 'di'r gân ora sgwennodd Rihanna rioed. Dwi'n meddwl na hi sgwennodd hi. Eniwe – dio'm ots.

'Da chi 'di gweld y ffilm *Run! Bitch Run!*? Ma' 'na rywun yn chwara *Russian Roulette* yn honno 'fyd. Ffilm dda ... 'nesh i *really* injoio honna. Fi a 'mrawd bach nath 'i gwatshiad hi pan o'dd Mam 'im adra. Nath o'm cysgu am wsnosa wedyn ond nath o ddim deud w'th Mam be oedd. Ond o'n i'n gwbod. *Run! Bitch Run!* o'dd bai.

Ella ga-i *prawn cocktail* ... ne *smokey bacon*. Achos weithia ma'r finag yn llosgi 'nhafod i efo'r lleill. Er na rheiny dwi'n licio ora gin i ddau *ulcer* yn dŵad ar 'y ngyms i ers ryw ddwy noson. Ond ella, os a' i i weld Jason, ga-i bres ginno fo a wedyn ella ga-i jips a pys. Ella. Ma' Jason yn medru bod yn ffeind ... weithia. Mae o'n nabod lle 'ma'n well na neb. Ond chi fod 'rochor iawn iddo fo mae o'n medru bod yn OK.

Oedd ddoe yn boring ... tan amsar cinio. Oedd hi'n bwrw – a ma' 'na lai o betha i neud yma pan ma-i'n bwrw. Fel arfar dwi'n mynd i mewn i House of Frazer i sbio ar y trimings Dolig. Pan o'n i'n fach o'n i ishio bod yn *bauble* Dolig. O'n i ishio bod yr un reit yn ganol y goedan rhwng y tylwyth teg oedd yn gleuo efo batri a'r carw efo coes 'di torri. Oedd Mam yn rhoid y trimings yn 'run lle bob blwyddyn, felly o'n i'n gwbod yn **union** lle fasa fo. Eniwe ... 'dan ni byth yn ca'l coedan rŵan. Dim ers i Dad fynd.

'Runig beth dwi'n golli 'di Ben.

Saib hir. Mae'n dal ei llaw allan ac edrych i fyny.

Dechra bwrw. Ella a' i i Debenhams. Dwi'm 'di bod yn fan'no ers talwm. Dwi'm yn mynd i Currys. Esh i yno wsos dwytha ag o'n i **ar** y telifishyn – ond ddaru neb nabod fi ddo. Dwi 'di torri 'ngwallt ers hynna a dim fel hyn o'n i'n gneud 'yn llgada chwaith. Oedd Mam arno fo'n crio ac yn deud wrtha fi am ddŵad adra a na faswn i'm yn ca'l row. *As if.* Dim y row sy'n poeni fi eniwe. Dio'm byd i neud efo row. Mae o i gyd i neud efo ... petha erill.

Ella 'sa well 'mi beidio mynd yn ôl i House of Frazer am dipyn chwaith. 'Nesh i ddwyn rwbath o'no ddoe a gin i ofn bod rywun 'di gweld fi. Newch chi'm deud wrth neb, na newch? Dwi'n gwbod 'sa Jason 'im yn cîn. "*Why d'ya go and do summit stupid like that?*" 'sa fo'n ddeud. Fasa fo byth yn dallt pam 'nesh i ddwyn hwn. (*Kim yn estyn* bauble *bach llachar o'i phoced)* Mond Ben fasa'n dallt. Oedd o'n ista wrth ochor Mam pan oedd hi'n siarad ar telifishyn. Nath o'm deud dim byd ond nath o neud siâp calon efo'i ddwy law ... fatha Mo Farah'n yr Olympics. Dwi'n gwbod 'na-i weld o eto – pan fydd o'n hogyn mawr. Ond dim rŵan.

Os na 'di'ch adra chi'n le hapus ma' raid chi ffendio adra arall. Dyna ma' Jason yn ddeud. Dyna pam dwi'n dal i chwilio.

Glissando

MARI – Merch 15+

Daw Mari ymlaen gan edrych fymryn yn bryderus. Dillad gweddol gyfforddus – ddim yn orffasiynol efallai, ond yn ei phryder mae'r cliw, nid yn ei diwyg.

Mari: Fedrwch chi f' helpu i? Falla bydda hi'n haws imi fedru deud rwbath fel hyn wrthach **chi** yn hytrach na Mam. Ma' meddwl am 'i ddeud o wrthi hi wedi bod yn 'y nghadw i'n effro drw nos. A dim jest am un noson. Dwi methu cysgu'n iawn ers dros wsos rŵan. Dwi'm ishio swnio'n anniolchgar – a dwi'n gwbod na chafodd Mam ddim hannar y cyfleoedd dwi wedi 'u ca'l pan oedd hi'n fach ond – dwi'm yn mwynhau 'ngwersi telyn. Ma' mysadd i'n brifo a dwi'n gneud sŵn drwg ofnadwy pan dwi'n trio chwara'r darna. Ma' 'Llety'r Bugail' yn swnio fwy fatha Llety'r Bwgan pan fydda i'n trio'i chwara hi.

Be sy'n gneud petha'n anoddach ydi bod Mam wedi **prynu** telyn imi – Dolig dwytha. A dim unrhyw hen delyn ydi hi chwaith. Un ddrud! **Nath** Dad **drio** deud wrthi am aros ryw flwyddyn i weld sut siâp fydda arna fi ar ôl ca'l mwy o wersi, ond doedd 'na ddim byw na marw nad oedd raid i Mam ga'l telyn yn tŷ. Oedd hi bron â thorri'i bol ishio chwara telyn pan oedd **hi'n** fach, medda hi. A rŵan ma' hi wedi ca'l un heb neb i'w chwara hi go iawn. Dwi 'di bod yn mynd i wersi ers dwy flynadd a dwi ddim mymryn nes i'r lan. Dwi'm gwell na'r dwrnod cychwynnish i arni a deud y gwir. Pan fydd hi'n mynd drwadd i'r parlwr i'w dystio hi fydda-i'n 'i chlŵad hi'n tynnu 'i bysadd hyd y tanna'n ysgafn weithia; yn chwara ryw *glissando* bach go ryfadd. Fydd hi'n canu wedyn am weddill y bora – 'Anfonaf Angel'.

Dwi'n gwbod y bydd hi'n siomedig ond ma' bob gwers yn costio pymtheg punt iddi, heb sôn am yr arian petrol i lawr i'r ganolfan ag yn ôl bob wsos. A fyswn i'm yn licio meddwl **faint** gostiodd y delyn 'i hun. A wedyn fuo'n rhaid inni gael car mwy i helcid y delyn o'r naill le i'r llall. Rhwng hyn, llall ac arall ma' nhw wedi buddsoddi lot fawr o arian i glŵad 'Twinkle Twinkle' yn ca'l 'i mwrdro bob bora ers dwy flynadd.

Dwi'n gwbod fod 'na waeth petha o lawar yn digwydd yn y byd 'ma ond ma' gas gin i feddwl am siomi Mam. 'Na-i byth anghofio'i gwynab hi pan ddudodd 'y mrawd wrthi nad oedd o ddim am fynd i'r ysgol Sul byth eto. Ddudodd hi ddim byd ond "O! 'Na chdi 'ta", a chario 'mlaen i blicio tatws. Ond o'n i'n gwbod 'i bod hi wedi 'i brifo go iawn – a mi losgodd y cig oen yn ulw pan ddiflannodd Mam i'r llofft am funud i feddwl.

Dwi'n caru Mam a dwi ddim ishio'i siomi hi am bris yn y byd. Dyna pam dwi'm yn gwbod sud dwi'n mynd i ddeud wrthi. Ond ydw-i haws â deud wrthach chi ydi'r peth. Faint elwach fydda i o siarad hefo rywun sy' rioed wedi cyfarfod Mam heb sôn am drafod peth fel hyn hefo hi? Ond diolch ichi am wrando'r un fath. Dwi'n teimlo'n well o fod wedi ca'l deud wrth rywun. A falla bod ganddoch chi blentyn yn yr un rhigol â fi. Pwy a ŵyr? Falla newch chitha styriad go iawn ai chi ynta'ch plentyn sy' wir ishio chwara telyn ... ne biano ... ne ffliwt. Fyswn i'n rhoi fy llaw dde am ga'l bod mewn band roc-a-rôl. Ond dwi'm yn meddwl bysa unrhyw fand yn derbyn

rywun sy' mond yn medru chwara 'Llety'r Bugail' yn wael ...
jest efo un bys.

*Mari'n gadael y llwyfan yr un mor gymysglyd ag yr oedd hi
pan ddaeth i mewn.*

Dipyn o ddrama

MEDWEN – Merch 15+

Daw Medwen ymlaen hefo ychydig o lyfrau ysgol dan ei chesail. Mae mymryn o banig ar ei hwyneb.

Medwen: Dwi'n swp sâl. Dwi newydd ddŵad allan o arholiad Drama a dwi'n gwbod rŵan mod i 'di methu. O'n i'm yn cofio be oedd y gair Cymraeg am *pitch* ac oedd Miss 'di deud wrthan ni am ddefnyddio'r gair Susnag os nad oeddan ni'n cofio'r un iawn. "Peidiwch â gwastraffu gormod o amsar yn pendroni" oedd 'i hunion eiria hi, "sgwennwch y gair Susnag mewn pensal, a falla daw yr un Cymraeg yn ôl ichi wrth ichi edrach dros ych papur." Papur cyfarwyddo oedd o, ag o'n i ishio deud fod angen i'r actor godi **traw** 'i lais. Ia, ia, dwi'n gwbod yn iawn be dio **rŵan**, tydw! Ond drannoeth y ffair 'di peth felly 'de! Codi pais a ballu. Ond dim ond yr un Susnag fedrwn i gofio ar y pryd. Ag wrth imi edrach dros 'y mhapur mi esh i i fwy o ddŵr poeth! O'n i'n meddwl, taswn i'n treiglo'r gair Susnag, y bydda fo'n edrach mymryn yn fwy ... Cymraeg 'lly. Felly wrth imi fynd ati i rwbio'r gair mewn pensal allan a'i roi o 'nôl mewn beiro, be sgwennish i oedd 'mae angen i'r *bitch* godi'. Ia, dwi'n gwbod, mae o'n swnio'n ddigri rŵan ... ond doedd o ddim ar y pryd. Welish i Miss yn sbio dros fy mhapur i fel o'n i'n mynd allan a dwi'n siŵr mod i wedi 'i gweld hi'n gwenu.

Gobeithio mod i 'di ca'l gwell hwyl ar fy ymarferol. Dwi'n **meddwl** mod i. Ges i un bagliad ar y canol ond doedd Miss ddim yn meddwl fod yr arholwr allanol 'di sylwi. O'n i'n actio'r ddynas 'ma oedd wedi gwisgo-i fyny fatha twrna ac yn smalio mai dyn oedd hi. Oedd ffrindia i'w chariad hi 'di menthyg pres gin y dyn drwg 'ma a 'di methu 'i dalu fo 'nôl, ac oedd y ffein yn *horrible*. 'Pwys o gnawd'. O'n i methu coelio be oedd 'y nhafod i 'di neud pan 'nesh i alw'r dyn drwg yn Sherlock! O'n i rioed 'di neud hynna o'r blaen! O'n i 'di mynd drw'r geiria anodd i gyd fatha ruban! Bob un wan jac! (*Yn ail-fyw yr arholiad gan or-wneud ryw fymryn*)

"Nid edwyn dawn trugaredd unrhyw straen. Mae'n disgyn fel y tyner law o'r nef i'r ddaear isod. Bendithia'r neb sy'n rhoi, a'r neb sy'n cael ..."

Hawdd! O'n i 'di deud y tameidia anodd ganwaith wrth y pot marmalêd bob bora ers misoedd. Oedd hyd yn oed y gath yn medru deud yr holl araith **hefo** fi'n diwadd! O'n i'n 'i deud hi'n fy nghwsg. O'n i'n medru deud hi tu chwith a 'nôl a 'mlaen! Ar fy llw, o'n i'n medru 'i deud hi'n sefyll ar fy mhen! Roth Siân Caea Perthi winc arna fi pan 'nes i orffan 'i deud hi yn y prac a 'nes inna ddechra ymlacio. Oeddan ni'n sbydu drw'r olygfa erbyn diwadd ag o'n i'n gweld 'A seran' yn fflio tuag ata-i ar gan milltir yr awr fel seran gynffon. Oedd hi mwy neu lai yn y bag gin i pan ddudish i ...

"Ond, os colli di un dafn o waed, fe'th fernir di, Sherlock!"

Roth Siân Caea Perthi 'i phen yn 'i chlogyn a nath pawb arall droi 'u cefna reit ffast. Nath Miss ddim 'pylu'r goleuadau yn araf' fel oedd o'n ddeud yn y sgript, jest diffodd bob dim reit sydyn a chwara lot o fiwsig yn uchal ofnadwy.

Beth bynnag, well imi fynd. Gin i arholiad Bywydeg pnawn 'ma a dwi'n dal ddim yn siŵr os mai sbeirogeira 'ta amîba sy'n ca'l howdidŵ a pa'r un sy' ddim. Dwi'n cofio mai A *sexual reproduction* ma' un ohonyn nhw'n ga'l, ond dwi'm yn cofio be ma' llall yn ga'l: Bî *sexual* ma' siŵr, 'de.

Dwi'm yn meddwl **ga**-i 'A seran' yn Drama chwaith 'chi – ond 'nes i dipyn gwell yn yr ail gwestiwn. O'n i'n gwbod dipyn mwy am Salislavsky. Wela-i chi!

Barcodes

NIA – Merch 15+

Nia: Welish i ddynas yn dwyn dwrnod o'r blaen – reit o flaen 'y nhrwyn i. Yn yr archfarchnad yn dre. Oedd ginni hi fabi mewn pram a dau arall wrth 'i sodla. Oedd hi'n gwisgo rwbath fatha cynfas fawr lwyd amdani ag oedd ginni hi sgarff dynn am 'i phen. Oedd hi'n rhoid rei petha'n 'i throli ond dim bob dim. Oedd rei petha'n mynd i fyny 'i llawas hi a dwi'n meddwl bod 'na rei petha'n diflannu i'r gynfas hefyd. Oedd hi fel dyn gneud tricia wrth i betha ddiflannu heb ichi wbod yn iawn i lle.

Mond wedi mynd yno i nôl shampŵ o'n i ond pan welish i'r ddynas 'ma'n rhoid past dannadd i fyny 'i llawas 'nesh i nôl basgiad a dechra'i dilyn hi; smalio mod inna'n siopa go iawn. Nath hi'm sylwi mod i'n edrach arni am dipyn achos o'n i'n smalio mod i methu penderfynu rhwng y *fig and rhubarb* ne'r *lemon and lime*. O'n i'n trio peidio sbio arni drw'r amsar ag os oeddan nhw'n mynd i lawr un *aisle* o'n i'n mynd i fyny weithia a dŵad wynab yn wynab yn achlysurol. Oedd hynny'n gneud iddo fo edrach fel nad o'n i'n 'u dilyn nhw; jest digwydd taro-i mewn i'n gilydd bob hyn a hyn, fel byddwch chi weithia mewn archfarchnad fawr sy'n gneud toman o bres.

Wedyn mi oedodd am chydig wrth y silff sy'n gwerthu petha am hannar pris. Mi ddewisodd ddau ne dri o betha'n fan'no a mi roddodd hi rheiny i gyd yn 'i throli. Pacad o sosej a photyn o *hummus* a caws. Petha bach oedd hi'n 'u dwyn. Petha oedd yn ffitio'n ddigon twt i'w llawas hi.

Wedyn mi sylwodd un o'r plant mod i 'di gweld a 'nesh i deimlo'n euog. Oedd o fel taswn i 'di bod yn busnesu ar dalp o fywyd rywun arall na ddyliwn i fod wedi 'i weld. Neu fel taswn i'n hun yn dwyn. Yn y lle ffrwytha oeddan ni a roth hi ddwy fanana yn 'i throli a phedwar afal lawr 'i llawas. Mi edrychodd yr hogyn bach i fyw fy llygad i a'r ofn mwya dychrynllyd ar 'i wynab o.

Dyna pryd es i'n syth am y til i dalu am y shampŵ a'i chychwyn hi am adra. O'n i'n gwbod o'r dechra na fyswn i'n mynd i achwyn ar y ddynas ond fedrwn i'm deud hynny wrth yr hogyn bach. A ph'run bynnag, fysa fo ddim wedi 'nallt i hyd yn oed taswn i wedi trio deud wrtho fo ... Dwi'm yn meddwl bydda ganddo fo air o Susnag – heb sôn am Gymraeg ... ond wedyn ... dwn im. Ella'ch bod chi'n meddwl y dylwn i fod wedi mynd yn syth at y ddynas wrth y ddesg a deud, ond oedd hi'n dlawd, oedd hi'n amlwg yn byw ar y nesa peth i ddim ... ag oedd ginni hi dri o blant.

Fel o'n i'n talu am fy shampŵ mi oedd un o'r hogia bach wedi 'nilyn i at y cowntar. Yr un oedd wedi 'ngweld i'n sylwi ar 'i fam o'n dwyn. A'th o i ben arall y til i aros amdana-i. Oedd o'n dal i syllu arna-i a'r tristwch rhyfedda'n 'i lygad o.

Wedi imi dalu mi redodd ata-i a dal 'i law allan a chynnig polo mint imi. Mi wenish a doeddwn i ddim yn siŵr iawn os dyliwn i gymyd y polo ond mi 'nesh. Ddudish i, "Thank you, that's very kind of you." Dwn i'm os dalltodd o fi ond mi wenodd. Am y tro cynta ers sbel falla. Ne tybad ydi-o'n ca'l hwyl adra weithia? Gobeithio'i fod o. Gobeithio fod ganddyn nhw adra.

Wedi imi gyrradd tŷ esh i ar fy laptop a danfon cwestiwn yn syth bìn i mewn i Gŵgl. *'Do barcodes set off alarms?'* Tydyn nhw ddim. Diolch byth. Mi gysga-i'n sownd heno.

Gwerth ffortiwn

RHIANNON – Merch 15+

Rhiannon: Gesh i ddeud fy ffortiwn ddoe a ddudodd y ddynas mod i'n mynd i briodi a cha'l pump o blant! Syniad Meg oedd o i gychwyn. Oedd 'na'm byw na marw nad oedd rhaid iddi ga'l mynd. Tydi Meg ddim yn cynnig syniada gwirion fel'na fel arfar ond, am ryw reswm, wsos dwytha, mi gafodd y chwilan 'ma'n 'i phen. A'th 'na bedair ohonan ni i gyd ond dim ond Meg a fi nath fynd i mewn yn diwadd. Oedd Lowri ddim ishio wastio'i phres ag oedd gin Alys ofn be 'sa hi'n 'i ddeud.

"Ba tasa hi'n deud wrtha chdi pryd ti'n mynd i farw?" medda hi.

"Be 'sa'r otsh?" medda Meg. "Tasa hi'n deud bo' chdi'n mynd i farw pan ti'n naw deg fasa chdi'n poeni?"

"Ia, ond be tasa hi'n enwi'r **union** ddyddiad?" medda Alys. "Be tasa hi'n deud wrtha chdi bo' chdi'n mynd i farw am ddeg o'r gloch ar fora dy' Mawrth, yr ail o Fedi, dwy fil naw deg pump?"

"So?" medda Meg. "Ma' 'na *loads* o amsar tan hynny, does?"

Ond o'n i'n dallt be oedd gin Alys hefyd. Unwaith 'sach chi'n **gwbod** pryd 'da chi'n mynd i farw mi fasa 'nghefn ych meddwl chi am byth wedyn, yn basa? Mi fasa'n ben-blwydd rhyfadd ofnadwy bob tro fasa Medi'r ail yn dŵad heibio. A fasa fo'n sicir ddim yn un hapus, yn na 'sa? Ond ddudodd hi'm byd tebyg i hynny – diolch byth.

Pan ddechreuodd hi baldaruo am briodi a cha'l plant 'nesh i ddechra giglo a meddwl tybad faint o blant oedd Meg yn mynd i ga'l. Mond ryw hannar 'i choelio hi o'n i ... ar y pryd. Mymryn o hwyl oedd o, dyna-i gyd. Ond pan ofynnodd hi, mwya sydyn, pam o'n i 'di ffraeo hefo Dad, mi sobrish drwydda-i. Sut gwydda hi fod Dad a finna 'di ca'l coblyn o ffrae y noson cynt? O lle cafodd hi wbod peth felly, medda chi? Oedd Meg wedi deud wrthi? Dyna feddylish i i gychwyn, ond wedyn mi gofish doedd Meg, hyd yn oed, ddim yn gwbod am ffrae Dad a finna.

Dwi'm ishio pump o blant! Dwi'm yn siŵr iawn os dwi'shio priodi hyd yn oed. Gin i betha gwell i neud hefo 'mywyd cyn dechra meddwl am fagu teulu a morgej ac inshiwrans a'r holl sothach arall 'na ma' Mam a Dad yn gorfod poeni amdanyn nhw. Ond o'n i wedi dechra coelio'r ddynas 'ma rŵan, to'n, a phan ddudodd hi mod i eisoes yn nabod yr hogyn oedd yn mynd i fod yn dad 'y mhlant i fuo jest imi â deud wrthi am beidio malu ca-wyr. Dwi'm yn nabod dim un hogyn fyswn i ishio briodi, diolch yn fawr iawn – heb sôn am ga'l pump o'i blant o!

Diolch byth, ddaru hi ddim dechra sôn am farw nag unrhyw ddyddiad ym mis Medi – nag unrhyw fis arall tasa-i'n dŵad i hynny. Ond mi ddudodd wrtha-i am gymodi hefo Dad ag am imi sylweddoli nad ydi-o'n graig o arian, mwy na'r rhan fwya o'n tada ni. Ella-'i bod hi'n iawn ond ... os 'di gweddill fy ffrindia i'n ca'l mynd ar y trip sgio 'na i Awstria, pam na cha i? Eniwe, dim dyna pam dwi'n deud hyn wrthach chi. Ddigwyddodd 'na rwbath arall pan a'th Meg i mewn achos ... pan ddoth hi allan oedd hi fatha'r galchan. O'n i'n ama i gychwyn os oedd hi 'di deud wrthi 'i bod hi'n mynd i ga'l **deg** o blant a tri gŵr, ond nid dyna oedd. "Be sy' 'ta, Meg?" holodd Alys. "Be ddudodd hi?"

"Wedi gofyn imi ddeud wbath wrthach chi ma-i. Bod yn onast hefo chi." *(Saib)* "Ond dwi methu. Dim rŵan. Dim yn fan hyn tu allan i'w thŷ hi. Dio'm yn teimlo'n iawn."

So ddalion ni'r bỳs adra a ddudon ni'm byd bron yr holl ffor yn ôl. A'th Lowri ag Alys i lawr yn Groeslon ag ar ôl iddyn nhw fynd 'nesh i ofyn i Meg os oedd hi ishio siarad a mi sgwydodd 'i phen. "Na," medda finna, "dwi'n dallt. Ond cofia, Meg, beth bynnag ydi-o, fydd pawb ohonan ni'n dallt pan ddoi di allan ... hefo fo. Fyddan ni i gyd yn dallt."

Mi afaelodd yn fy llaw yr holl ffor adra wedyn a 'nesh inna 'i gwasgu hi'n dynn bob hyn a hyn iddi ddallt mod i'n gwbod a bod bob dim yn OK. Dyna ma' ffrindia'n da ... i fod yn OK. A mi ydan ni ... o'n i jest ishio chi wbod hynna ... 'Dan ni'n OK.

... mewn angen

SIWAN – Merch 15+

Mae gwisg ysgol neu ddillad bob dydd yn addas i'r fonolog yma. Gallwch newid yr enw 'Pengroes' i unrhyw le sy'n addas i chi, wrth gwrs.

Siwan: Dwn i'm sud digwyddodd o; un munud oeddan ni i gyd hefo'n gilydd ar yr *underground* a'r funud nesa fedrwn i'm gweld neb. Trip ysgol oedd o – i weld *Waiting for Godot* gin Samuel Beckett yn Llundan. Oedd 'na neb ohonan ni'n siŵr iawn be oedd negas y ddrama ond oeddan ni i gyd wedi mwynhau 'i darllan hi'n 'rysgol. 'Di hynny'n beth gwirion i ddeud, 'dwch? Oes rhaid ichi ddeall petha bob tro cyn medrwch chi 'u mwynhau nhw? 'Nes i'm deall llawar ar y ddrama *Othello* pan aethon ni i weld honno tymor dwytha chwaith, ond o'n i'n beichio crio ar y diwadd. Ag er bod Othello wedi lladd 'i wraig oedd gin i ddal bechod drosto fo pan ddaethon ni allan. O'n i'm yn siŵr iawn pam – ond dwi'n siŵr **byswn** i'n gwbod taswn i'n mynd i'w gweld hi eto. Dyna sy'n 'i gneud hi'n glasur, medda Miss. (Beth bynnag ma' 'clasur' yn 'i feddwl.)

Lle o'n i, 'dwch? O ia ... yn yr *underground*. Oedd Miss 'di deud y caethan ni ddwyawr i siopa ryw fymryn ac er nad oeddan ni i **fod** i fynd dim pellach na Oxford Street, oedd Manon yn deud 'i bod hi'n dallt yr *underground* yn iawn a felly mi fentron ni i gythral. Gin i dueddiad i grwydro weithia a dwi'n siŵr ma' be naethon ni oedd gwrando ar y dyn 'ma'n chwara gitâr ac yn canu 'Let It Be'. Oedd ginno fo goblyn o lais da a fan'no o'n i'n meddwl pam bod rywun efo llais mor dda yn canu mewn twnnal pan sylwish i fod y genod i gyd 'di mynd. Peth ydi, dwi ddim yn dda am gofio bob dim ag erbyn imi drio dal i fyny hefo nhw dwi'n meddwl mod i 'di glanio ar y platfform anghywir. Mae o'n beth digon hawdd i neud. Doedd gin i'm math o signal i drio ffonio'r genod a 'nesh i ddechra panicio. Tydach chi'm yn medru meddwl yn glir pan 'da chi mewn panic. O'n i ar goll go iawn. Dim ar goll fel o'n i pan o'n i'n hogan bach yn Debenhams, lle doth 'na ryw ddynas glên a galw'n enw i dros y siop a Mam yn dŵad i fy nôl i a rhoid row imi am grwydro. Dim ar goll felly dwi'n feddwl. Ar goll **go iawn**.

Oedd gin i'm syniad i lle oeddan ni'n mynd i weld y ddrama a dyna sy' ga'l am ddibynnu gormod ar bobol erill bob gafal. Felly mi neidish ar y drên nesa ddoth yn y gobaith bydda enw un o'r steshions yn canu ryw gloch. Ond ddaru 'na'm un – tan welish i'r enw Shoreditch. Erbyn imi ddŵad allan o'r steshion 'nesh i gofio mai yn y wers hanas o'n i 'di clŵad am Shoreditch am fod Jane Shore, mistras Edward y Pedwerydd, wedi 'i chladdu yno. Oedd gin i signal ond dim ond y mymryn lleia o jarj. Fel o'n i'n mynd i ffonio Manon mi a'th y sgrin yn ddu a dyma fi'n dechra crio. Esh i i mewn i un o'r siopa a gofyn i'r ddynas wrth y til am fenthyg tsharjar, a ddudodd hi nad oedd ganddyn nhw bolisi ar betha felly ac y bydda'n well imi drio'r siop drws nesa. Pan gesh i ymatab digon tebyg mewn dwy siop arall mi roish i'r ffidil yn to.

Oedd 'na ddyn efo ci yn ista ar ochor lôn a dyma fo'n gofyn be oedd yn matar – pam o'n i'n crio. O'n i'm llai na'i ofn o a phan ddaru'r ci ddechra chwrnu mi roish dro ar fy swdwl pan ddudodd o, *"You're lost, ain'tchya?"* Nath hynny neud imi stopio ond 'nesh i'm troi i sbio arno fo i ddechra. *"Ain'tchya?"* medda fo wedyn. *"I haven't got any change,"* meddwn i, gan feddwl ma' ishio 'mhres i oedd o achos oedd ginno fo bowlan efo chydig geinioga yn'i hi wrth ymyl y ci. *"I don't want your money, love,"* medda fo. *"Dog won't bite'chya ... more than I will."*

Doedd 'na'm math o blisman i weld yn nunlla a pawb arall yn pasio fel taswn i'm yno o gwbwl. Doedd gin i mond y dyn rhyfadd 'ma oedd yn fodlon siarad hefo fi. *"Lost?"* medda fo, a fedrish i neud dim byd ond nodio 'mhen a dechra crio eto. Oedd 'y nhrwyn i'n rhedag a'r cwbwl fedrish i ddeud oedd, *"I'm going to see a play."* Oedd o'n rowlio sigarét a chyn iddo fo'i thanio hi mi edrychodd i fyny arna-i a gofyn, *"Which one?"* *"Waiting for Godot,"* meddwn inna, a dwi'n siŵr imi weld cysgod gwên ar ymyl 'i wefus o. Mi daniodd 'i sigarét a chymryd llond sgyfaint hegar cyn 'i chwthu o allan yn ara deg fel tasa fo'n trio mygu pawb ar y stryd. *"It's at the Barbican,"* medda fo, a'r sigarét yn dal i lynu wrth ochor 'i wefus o. Sut medrwn i anghofio enw mor wirion? A sut yn y byd mawr oedd dyn fatha hwn yn gwbod am y ddrama? *"Not to everyone's taste,"* medda fo wedyn – *"But it's a damn good play."* Doedd y theatr ddim yn bell ond os oedd gin i ddigon o bres mi fydda'n ddoethach imi ddal tacsi na mentro 'nôl dan ddaear, medda fo. *"Yes ... yes, thank you,"* meddwn inna – *"that's a good idea."* A dyma fo'n rhoi chwiban dros bob man nes oedd y ci bach ar 'i draed â'i glustia-i fyny a mi ddoth 'na dacsi o rwla cyn ichi fedru deud 'Trafalgar Square'. Mi gododd y dyn ag agor y drws imi a mi ddudodd wrth y dyn tacsi lle i fynd â fi a mi ddiolchish iddo fo o waelod 'y nghalon. Dwi'm yn meddwl mod i 'di diolch cweit fel'na i neb rioed o'r blaen. *"Thank you,"* meddwn i. *"I honestly don't know what I'd have done had you ignored me like everybody else."*

"Don't mention it, love," medda fo. *"It's not every day we are needed."*

Llinall o'r ddrama! Oedd o'n medru dyfynnu Samuel Beckett fel tasa fo'n 'i ddarllan o bob dydd!

Fel oeddan ni'n nesu at y theatr o'n i'n gallu gweld Miss yn siarad hefo dau blisman a Manon yn beichio crio wrth 'i hymyl hi. Oedd Miss jest â drysu a'r plismyn yn amlwg yn trio'i cha'l hi i beidio panicio gymaint. Chesh i rioed y fath groeso yn 'y myw a Manon yn deud bydd hi'n rhoid handcyffs arna fi tro nesa 'dan ni'n mynd i rwla sy'n bellach na sgwâr Pengroes. A 'da chi'n gwbod be feddylish i? Bod mynd ar goll yn gneud lles i chi weithia. 'Da chi wir yn dwad i nabod talpia ohonach chi'ch hun nad oeddach chi'n wbod oedd yna pan 'da chi ar goll. Fyswn i'm yn awgrymu i neb fynd ati'n fwriadol i fynd ar goll ond ... os ffeindiwch chi'ch bod chi ... peidiwch â panicio ... peidiwch â meddwl bod y byd ar ben ... a peidiwch **byth** â barnu neb ar yr olwg gynta.

Beth am Bethany?

LOIS – Merch 16+

Daw Lois i flaen y llwyfan yn edrych fymryn yn ddryslyd. Mae'n gwisgo iwnifform ysgol. Mae pryder tu ôl i'r llygaid.

Lois: *(Yn galw ar ei mam)* Ol reit, Mam, 'wi'n dod nawr! ... Na, sai moyn brecwast ... Sdim want bwyd arna-i, 'na pam. *(Yna'n siarad â'r gynulleidfa)* God! Ma' Mam **mor** *annoying*. Onest, sai 'di gweld neb mor *fussy* yn fy myw. "Branwen, ti 'di gneud dy waith cytre? Branwen, ti 'di cymoni dy stafell wely? Ti 'di neud hyn? Ti 'di neud y llall?" Withe 'wi jyst moyn llonydd i feddwl. A ma' lot 'da fi i feddwl amdano fe'n ddiweddar. 'Wi'n becso am Bethany'n un peth. Ffrind ysgol i fi yw Bethany a ma' hi'n niweidio'i hunan a sai'n gwbod a ddylen i weid wrth rywun. Wel, na, 'wi yn gwbod **dylen** i weid wrth rywun, ond **pwy?** Os 'wi'n gweid wrth yr athrawon yn yr ysgol 'wi'n gwbod bydde Bethany'n grac 'da fi. Dyw hi ddim yn dod 'mlân 'da'r un o'r athrawon a bydde hi'n mynd yn benwan tasen i'n gweid. Dyw hi prin byth yn mynd i'r ysgol ta p'un 'ny.

(Yn ateb ei mam) Ol reit, Mam! *(Saib. 'Nôl i'r gynulleidfa)* Withe bydd hi'n 'i neid e reit o 'mlân i a ma' fe'n hala fi'n dost. Bydd hi jyst yn ishte 'na ac yn rhwto'r *blade* ar 'i garddwrn hi a 'wi'shie sgrechen. Ond dyw Bethany ddim yn sgrechen. Dim sŵn o gwbwl, a'i llyged hi'n farw fel tase hi ddim yn twmlo'r boen, a gwa'd yn llifo ar hyd 'i bysedd hi.

"Pam ti'n neud e, Bethany?" ofynnes i. "Pam ti'n neud e o 'mlân i?"

"'Wi 'shie ti weld nad yw po'n yn ddim byd," wedodd hi. "Ti yw e, t'wel, a ti'n gallu reoli fe."

Sai'n siŵr pam 'wi'n aros yna i edrych arni. Ond 'wi'n ffili gadel hi, ydw i? 'Wi'n becso amdani ddi. Es i ar wefan 'Harmless' heddi a ma' fe'n gweid yn fan 'ny bod pobol sy'n hunan-niweidio'n mynd 'mlân i neud pethe gwa'th. 'Na pam 'wi'n aros 'da hi. Jyst i neud yn siŵr nad yw e'n mynd yn wa'th. "Paid gweid wrth neb, ti'n deall?" wedodd hi. "Os ti'n ffrind i fi, fyddi di ddim yn gweid wrth neb, ti'n addo?" 'Nes i weid na fydden i'n gweid ond 'wi'n credu bod hi moyn i fi neud rwbeth a sai'n siŵr iawn beth.

(Yn galw eto ar ei mam) "Ol reit, Mam! 'Wi'n dod nawr!" (Yn ddistawach) "A ta p'un 'ny, 'wi moyn gair 'da ti."

> Lois yn cerdded oddi ar y llwyfan yn edrych dipyn bach mwy siŵr o'i phethau.

Duw.co.uk

IDRIS – Bachgen 16+

Daw Idris ymlaen yn darllen neges ar ei ffôn symudol.

Idris: Sut oedd pobol yn medru coelio mewn Duw cyn compiwtars dwi jest ddim yn gwbod. Be goblyn nath neud i rywun feddwl bod 'na un dyn yn medru gweld bob dim ym mhob rhan o'r byd jest drw ista ar ben cwmwl mawr gwyn yn tyfu locsyn a chwara telyn? Ond os dio'n ista yno ar 'i orsedd a bod ginno fo ddesg a chyfrifiadur o'i flaen, alla-i weld o'n gliriach wedyn.

Pan o'n i'n hogyn bach oedd Mam yn deud bod Duw yn gweld bob dim ag os byddwn i'n cambihafio y bydda fo'n bownd o 'nghosbi i. Ond sut medra fo 'nghosbi i a finna i lawr yn fan hyn a fynta i fyny'n fan'na'n rwla digon pell i ffwr? Fedrwn i'm o'i ddirnad o - **nes** cesh i 'nghyfrifiadur cynta.

Dwi'n dallt rŵan wrth gwrs. Mi fedra ddanfon bob matha o feirysus i lawr a gneud llanast o 'mhetha i tasa fo ishio. Gollish i hannar traethawd noson o'r blaen pan gafon ni *power cut*. Wrach mai fo fuo wrthi! A falla mai fo ddaru lanast o gyfri banc Mam dwrnod o'r blaen hefyd; hacio i mewn i'w phetha hi a pheri bob math o strach. Ma' raid 'i bod hi wedi 'i bechu o rwsud iddo fo neud ffasiwn beth. Chollodd hi'm byd yn diwadd ond mi gafodd dipyn o helbul yn trio'i sortio fo allan. Dyna sud mae o'n talu 'nôl, ma' raid. Sgwn i be ddaru Mam i'w ypsetio fo? Ma' raid 'i bod hi wedi sathru 'i gyrn o'n o hegar.

Tydan ni'm yn mynd i capal. Ddaru Mam rioed 'y ngyrru i 'rysgol Sul fatha mam Aled a Rheon. Ond dwi'n meddwl 'i bod hi'n coelio'n rwbath. Ma' Mam yn meddwl bod unrhyw un sy'n deud *OMG* yn coelio rywfaint bach ne fasan nhw'm yn 'i ddeud o'n y lle cynta, medda hi. "Ma' pawb yn deud 'Duw' ne 'God' ryw ben o'r dydd," fydd hi'n 'i ddeud. Ma' hi'n grediniol fod rheiny i gyd yn coelio ... dipyn bach o leia.

Fydd Mam yn hefru lot fawr am Dduw, methu dallt pam fod pobol 'di stopio siarad amdano fo. Mond 'i lambastio fo am gychwyn rhyfeloedd yn bob man. "Fiw ti ddŵad â'r pwnc i fyny'n y rhan fwya o lefydd," fydd hi'n 'i ddeud. "Rown nhw'u penna-i lawr a newid y pwnc cyfla cynta gawn nhw. Hyd yn oed rheiny sy'n **mynd** i gapal, mi gadwan nhw fo iddyn nhw'u hunan. Rhynnu rhwng walia tamp yn hel annwyd a phesychu amball adnod a wedyn mynd adra i watshiad Mary Berry'n gneud Devil's Food Cake."

"Pam 'da chi'm yn mynd yno i newid petha 'ta, Mam?" ofynnish i iddi ryw nos Sul pan oedd hi'n gwrando ar bobol 'run oed â Taid yn canu mewn capal hannar gwag. "Am nad oes 'na'm symud arnyn nhw. Gadal i Dduw grebachu fel oedd yr hen bobol yn sychu bloda rhwng cloria'u Beibla stalwm. Ti'm i fod i wasgu Duw rhwng walia a chloria, siŵr iawn!"

Pan esh i 'nôl i llofft 'nesh i feddwl lot am be ddudodd Mam ac mi 'nesh i ddanfon e-bost at Dduw ar Duw.co.uk. Mi sgwennish i 'Helô? W't ti yna?' a pwshio 'send'. Ddoth yn ôl yn deud *'This message has no subject, do you want to send it?'* Felly 'nesh i bwshio *'send anyway'* i weld be fasa'n digwydd. Mi fownshiodd yn ôl yn syth yn deud na fedra fo mo'i ddanfon o ar iCloud. Do'n i'm yn disgwl iddo fo fynd, wrth gwrs. Dwi'm mor wirion â hynna, ond o'n i jest ishio gwbod be 'sa'n digwydd. Myrrath, fel basa Mam yn 'i ddeud. Ne mod i jest ddim 'di ca'l 'i gyfeiriad o'n iawn. Felly dyma fi'n trio Duw@Nefoedd.com a wyddoch chi be, mi a'th! Mi wibiodd y negas allan i rwla a 'nesh i ddychryn braidd. A wir i chi, o fewn chwinciad chwannan ddoth 'na atab yn ôl ... gin postmaster@mac.com. *Delivery notification – Delivery has failed.* Sgwn i os ma' fel'na ma' pobol sy'n gweddïo'n teimlo weithia – *Delivery failed?*

Ond ella bod 'i *in-box* o 'di clogio. Er nad ydi-o hannar mor boblogaidd ag y buo fo, dwi'n siŵr bod 'na lot o bobol yn dal i drio ca'l gafal arno fo. Mi dria i o eto nes 'mlaen – falla bydd o 'di talu am fwy o le ar iCloud erbyn hyn!

Perl dy fam

EMRYS – Bachgen 17+

Emrys: Sgwn i pam maen nhw yma? Welish i rioed mohonyn nhw o'r blaen – yma'n y fynwant. Tad a'i hogan fach yn dal dwylo. Yn llonydd. Yn syllu ar y garrag fedd heb ddeud gair ... ar fora mor braf. Arogla gwair yn fy ffroena. Defaid yn brefu. Tractor yn rhygnu. Tad a merch yn syllu. Y cerrig bach gwyrddion ar fedd Nain yn sgleinio fel tasan nhw'n wincio 'nôl arna-i.

Ma' Mam yn gofalu am y bedd 'ma fel dwn i ddim be. Hi ofynnodd imi ddŵad â'r bloda 'ma heddiw. Ma' hi'n gneud i mi ddŵad yma weithia ar fy mhen fy hun. Dwn i'm pam na ddaw hi hefo fi i gadw cwmpeini, ond tydi hi ddim. "Neith les 'ti ga'l mymryn o awyr iach," fydd hi'n 'i ddeud. "Dos, ne mond gwywo nawn nhw."

Ma'r hogan fach sydd hefo'i thad yn ista rŵan ... ar erchwyn y bedd, ac mae hi'n casglu bloda. Llygad y dydd. Ond ma'r tad yn dal yn llonydd. Dwi'n meddwl mai 'i thad hi ydi-o am 'u bod nhw wedi dal dylo mor dynn. Ond falla mai ... dwn i'm. Be ma' neb yn 'i wbod? Ond **mae** o'n drist. Fedra-i ddeud hynny, er 'i fod o hannar canllath da oddi wrtha-i. Sgwn i os mai ... ? Ond na, yn sydyn ma'r hogan fach yn codi a rhedag am y giât ... at 'i mam. Hitha wedi bod yn llenwi'r pot-dal-bloda hefo dŵr. Ma'r ddwy yn dŵad yn ôl rŵan ... at y tad. Dwi bron yn siŵr mai'r tad ydi-o erbyn hyn achos mae'r ddau'n gafael yn dynn am 'i gilydd, fo a'i wraig, a ma'r hogan fach yn cydio yng ngodra ffrog 'i mam. Ond be wn i … Be ŵyr neb be ydi poen neb arall?

"Cofia dorri mymryn ar y bonion," medda Mam, a rhoi pâr o siswrn tocio imi fel ro'n i'n gadal. "Mi fywian yn hirach o dorri 'u gwaelodion nhw." Sgwn i ydi hynny'n wir? Deud bydd hi fod y bonion weithia'n sychu a cheulo'r mynediad i'r dŵr. Mi fuo Nain fyw nes roedd hi'n naw deg wyth a ddudodd neb wrthi hi be oedd cyfrinach hirhoedledd.

Ma'r teulu bach yn gadal y fynwant rŵan. Y tad sy'n cario'r plentyn a hitha'n gafal yn dynn am 'i wddw fo â'i phen yn swat ar 'i ysgwydd. Ma'r fam yn aros am ennyd arall ar lan y bedd. Yna ma'r tri yn gadal y fynwant yn y tawelwch. Ma' hyd yn oed y tractor wedi tewi. Ma' hannar ohona-i ishio mynd i lawr at y bedd lle roeddan nhw'n sefyll, ond tydw-i ddim. I be? Dwi'n torri bonion y bloda, yn union fel roedd Mam wedi fy siarsio i neud, a dwi'n 'u gosod nhw'n dwt ar fedd Nain ac yn darllan y geiria ar y garrag. 'Yma y gorwedd Iwan bach. Bu farw'n dri mis oed. "Cysga, berl dy fam". Hefyd ei fam, Mair Lewis. "Cwsg a gwyn dy fyd".'

Mae 'na oen yn brefu yn rwla ac mae'r ffermwr wedi aildanio'r tractor. Fel dwi'n gadal y fynwant dwi'n gweld y tad yn gwthio'i ferch fach ar swing yn y cae chwara gyferbyn, a'r fam yn eistedd ar y fainc yn llygad yr haul. Mae'r ferch fach yn gweiddi am gael mynd yn uwch ond mae'r fam yn edrach allan ar y mynyddoedd – yn dawel fel y bedd. Dwi'n tecstio Mam i ddeud mod i ar fy ffor adra – "'Dach chi'shio rwbath o siop, Mam?" dwi'n 'i ofyn. A dwi'n deud wrthi mod i'n 'i charu hi. Dwi'm 'di deud hynny wrthi ers tro byd.

Dibynnu

CLAIRE – Merch 18+

Daw Claire ymlaen yn araf. Golwg ddigon di-raen arni – gwelw.
(Does dim rhaid i'r cymeriad yma fod yn ferch.)

Claire: Luke oedd o. Dyna pam 'nesh i o. Fyswn i'm 'di styriad
y peth tasa fo 'di bod yn unrhyw un arall 'blaw fo. O'n i'm yn
berson gwan. O'n i'n medru sefyll ar fy nwy droed fy hun – ond
dim pan oedd Luke o gwmpas. Dwi'm yn meddwl bod 'run o
'nhraed i 'di bod yn agos i'r ddaear pan oedd o hyd lle 'ma.
Tasa fo 'di gofyn imi luchio'n hun o ben chwaral Dinorwig mi
fyswn i dros yr erchwyn cyn ichi ddeud 'Llanbabo'.

> *Saib.*

Pam … dwi'm yn gwbod. Dwn i'm be oedd yn 'y nenu fi ato
fo. Doedd o'm yn hogyn clên o gwbwl a mae o 'di deud petha
digon brwnt yn 'i ddydd – ond pan oedd o'n gwenu o'n i fel
menyn yn toddi o flaen tân yn tŷ Nain. Gwên oedd yn troi
gorffennol yn gelwydd bob gafal. "Ty'd," ddudodd o, "nei
di'm difaru." O'n i'n gwbod na ddylwn i ddim bod wedi mynd
ag o'n i'n gwbod y **byddwn** i'n difaru ond mynd 'nesh i … a
dwi'm 'di troi 'nôl ers hynny. Faswn i'm yn gwbod sud **ma'** troi
'nôl … hyd yn oed tasach chi'n dangos y ffor imi.

Ma' Luke 'di hen fynd ond tydi'r arfar ddim … yr *habit*. Hwnnw
fedra-i'm gicio mwy na'r dyn yn lleuad. Methu'n glir â stopio

fy hun rhag mynd i'r un lle, yr un amsar bob tro ma' ginno fi chydig o bres yn 'y mhocad. Dim 'y mhres i ydi-o i ddechra cychwyn. Pres Mam dio gan amla, ne rwla ca-i afal arno fo. Dwi 'di dwyn 'ddar Nain cyn heddiw.

Saib. Astudio'r gynulleidfa am sbel – fel petai hi'n eu hamau o fethu gweld ei hochor hi.

Fel tasach **chi** rioed 'di gneud dim byd o'i le. Tydach? Felly ma' pobol yn mynd o gwmpas lle 'ma. Yn wyn fel y lili fach dyner. Sbio lawr ych trwyna heb weld be sy' tu ôl i'r trwyn – mond be sy' o'i flaen o. Snwyro. Meddwl di am y peth ... y dafod 'na mor barod i feirniadu ma-i 'di anghofio sud ma' deud petha clên 'di mynd.

Ma' Luke yn 'i ôl, meddan nhw. Dim 'run hogyn – dyna ma' nhw'n 'i ddeud. Edrach yn iach fel cneuan ac yn llond 'i groen, meddan nhw. Dwi'm 'di weld o, medda finna. Dwi'm ishio weld o, medda fi wedyn. Os na dio fatha'r hen Luke o'n i'n gofio dwi'm ishio iddo fo ddŵad ar 'cyfyl achos ... dwi'n gwbod ma' deud celwydd ma' pawb. Tydi-o'm 'di newid go iawn, siŵr. 'Di boi fel'na'm yn newid 'i sbots ... mond newid 'i batsh mae o 'di neud. Fatha bob llewpart. Os dio 'di bod yn hela mewn un lle'n rhy hir dio'm yn mynd i din-droi yno wedyn, yn nac'di? Symud ... newid ... lladd gwair yn rwla arall mae o rŵan. Laddodd o fi flynyddoedd yn ôl.

Saib. Edrych eto ar y gynulleidfa heb fawr o fynegiant. Os oes mynegiant, yna dirmyg ydi o.

Dwi'n mynd o'ch ffor chi rŵan. Gneud lle i 'ngwell. Ishio nôl negas i Nain. Ma' hi hyd yn oed yn trystio fi efo'i phwrs. Bechod 'de. "Sgin i neb ond chdi neith neud imi, 'sti, Claire," fydd hi'n 'i ddeud. Felly 'dan ni'n dibynnu ar 'yn gilydd – Nain a fi. Raid chi, does, pan 'da chi'n mynd yn hen. Raid inni i gyd ddibynnu ar rwbath.

Golchi dwylo

MEG – Merch 18+

Mae angen gosod cap stabal gydag ychydig geiniogau ynddo ar flaen y llwyfan. (Nid yr actores ddylai wneud hyn.) Yna mae Meg yn cerdded ymlaen. Golwg raenus iawn arni. Mae hi'n edrych ar rywun sy'n amlwg yn eistedd nid nepell oddi wrth y cap â'r arian ynddo.

Meg: Fan'na mae o bob tro. Glaw ne hindda, yna bydd o hefo'i gi yn union yr un lle. Mam 'di siarsio fi i beidio rhoi dima iddo fo os byth bydda i'n pasio fy hun. Neith o'm byd ond 'i wario fo ar ddiod ac os dio mor dlawd â hynny sud yn y byd mawr medar o fforddio ci, medda chdi? Dyna fydd hi'n 'i ddeud. Pwy yn 'i iawn bwyll fydda'n styriad rhoid pres i rywun yn y cyflwr yna, medda chi? Ma' Mam yn iawn. Ma' nhw'n fwrn ar y wlad, medda hi. Dwi'm llai na'i ofn o ar adega. Ffor mae o'n edrach weithia – sbio reit drwyddach chi.

Mae o yma ers blynyddoedd – yn chwara'r un hen dôn ar y bib 'na a dio'n dal ddim yn 'i chwara hi'n iawn. Ma' 'mrawd bach i'n medru chwara'n well na hynna. Tydi-o mond yn chwech a mae o newydd neud gradd un ar 'i delyn. Dwi'n meddwl mai 'Calon Lân' mae o'n drio'i chwara ond fedra-i'm bod yn hollol siŵr. A bob tro ma' hi'n bwrw mae o'n chwibanu 'Singing in the Rain'. Meddwl bod hynny'n ddigri, ma' siŵr. Mae o'n medru chwibanu lot gwell na mae o'n chwara'i bib. Pa gysur mae o'n ga'l? Chwibanu'n ganol glaw a pawb yn 'i basio fo fel tasa fo'm yna.

Fydda i'n meddwl weithia bod 'i gi o 'di marw. Cysgu'n sownd mae o, dwi'n gwbod, ond welish i'm ci'n cysgu mor sownd â hynna. Dio prin yn anadlu. Hen gi gwyn ydi-o. Mam yn deud 'i fod o'n gi peryg a ddylia bod ginno fo leishans iddo fo. Beryg na sginno fo'm un.

Saib. Meddwl.

Sgwn i be mae o'n fyta? Y ci. Dwi byth yn 'i weld o'n byta. Ma 'na bobol yn gadal bwyd iddo fo weithia ond dwi rioed wedi 'i weld o'n 'i fyta fo. Mond y ci. Ma' hwnnw'n byta bob dim. Dyna pam mae o'n cysgu mor sownd.

Saib.

Mond llond dwrn o bres copar sy'n 'i gwpan o. Dim arian gloywon byth. Sgwn i ydi-o'n tynnu rheiny allan fel bod pobol yn cymyd mwy o drueni drosto fo? Falla ma' dyna pam na dio'm yn byta o'n blaena ni. Trio gneud 'i hun mor druenus â medar o fel bod pobol yn rhoid mwy iddo fo. Tasa'i fol o a'i gwpan o'n llawn fasa fo ddim mewn angan wedyn, yn na f'sa?

Ma' Mam yn deud na ddylian nhw'm ca'l bod yma o gwbwl. Tynnu'r Stryd Fawr 'ma i'r gwtar, medda hi. Tydi hi'm yn meddwl ma' rywun o'n gwlad ni ydi-o hyd yn oed. Does 'na'm sens 'u bod nhw yma, medda Mam … Ma' nhw ar bob matha o *benefits* a ma' ginnyn nhw'r gwynab i ddŵad allan ar y stryd wedyn i slenshian am fwy.

Sgwn i faint 'di oed o? Mam yn deud na dydi-o fawr hŷn na fi ond mae o'n edrach fatha hen gant – croen fel lledar a'i ddannadd o'n felyn – hynny sginno fo ar ôl.

O'n i'n dre hefo Llinos echdoe ac mi ellwch fentro 'i fod o'n dal yno. Mi stopiodd hi i wrando arno fo ac mi a'th i'w phocad. "Be sy'?" medda hi, pan welodd hi fi'n cadw 'mhelltar. Ddudish i mod i'm yn licio cŵn a mi roth hi hannar can ceiniog yn 'i gwpan o. "Diolch, del," medda fo, a dyma Llinos yn rhoid mwytha i'r ci a dyma fo'n codi 'i glustia a rowlio ar 'i fol.

Saib.

Cymro oedd o ...

Ystyried.

Pan esh i adra a deud wrth Mam am y peth ddaru hi'm deud fawr ddim. Mond troi 'i thrwyn a deud 'i bod hi'n gobeithio fod Llinos wedi golchi 'i dylo ar ôl mwytho'r ci. "Golcha ditha dy ddylo," medda hi, "a paid â mynd ar 'i gyfyl o beth eto."

'Nesh i'm golchi 'nylo achos ... pam ddyliwn i?

Mae Meg yn mynd i'w phoced yn araf ac yn estyn papur pumpunt a'i roi yn y cap. Yna mae'n gadael y llwyfan. Arlliw o wên ar ei hwyneb.

Oes 'na rywun yna?

SAM – Bachgen 19+

Daw Sam ymlaen wedi ei wisgo fymryn yn 'wahanol'. Ystyriwch sut y gallwch gyfleu hyn. Gwisg, gwallt, prop, osgo a.y.b.

Sam: Fyddwch chi'n meddwl weithia mai dim ond chi sy'n bodoli? Er bod 'na filiyna o bobol yn mynd a dŵad o'ch cwmpas chi dim ond chi sy' yna go iawn? Dwi'n methu mynd i gysgu weithia'n meddwl am y peth. Troi a throsi'n meddwl mai nid person go iawn sy'n rhannu'r gwely hefo fi. Dwi'n byw hefo Gwenlli ers chwe mis rŵan a dwi'n meddwl mod i'n 'i charu hi ond dwi'm yn siŵr os ydi hi o ddifri. Dyna nath imi ddechra meddwl falla nad ydi hi yna o gwbwl. Mai mond rwbath yn 'y nychymyg i ydi hi go iawn a nid person o gig a gwaed. Ne'n waeth fyth, 'i bod hi'n rhan o ryw gynllwyn yn rwla i weld sut fyswn i'n bihafio tasa 'na rywun yn 'y mywyd i y byddwn i'n ama'i bod hi'n fy ngharu i. Ryw fath o arbrawf na wn i ddim byd amdano fo ... Gin i frith go' imi feddwl rwbath tebyg am Mam pan o'n i'n fengach.

Weithia dwi'm yn ama Gwenlli o gwbwl. Weithia dwi **bron** yn siŵr 'i bod hi yna a'i bod hi **yn** fy ngharu i ond 'i bod hi'n rhy fuan i ddeud eto. Felly mi benderfynish i gyfadda wrthi ... am fy amheuon i 'lly; deud wrthi mod i'n ama weithia na tydi hi ddim yna; mai mond fi sy' yma go iawn. A wedyn 'nesh i newid fy meddwl. 'Nesh i styriad be tasa 'na rywun yn deud peth felly wrtha i, a 'nesh i feddwl yn syth y byddwn i'n meddwl na fydda person felly'n llawn llathan. Tasa 'na rywun arall yn meddwl

128

fatha fi, faswn i wir yn medru ymddiried ynddyn nhw? Ne faswn i'n meddwl 'u bod nhw frechdan yn fyr o bicnic?

Dwi'n gwbod be 'da chi'n 'i feddwl. **Ti'n** meddwl hynny dy hun, dwi'n ych clŵad chi'n 'i ddeud – ond fi ydi fi 'de. **Dwi'n** gwbod go **iawn** fod pawb arall yn bod, mond ama'u bodolaeth nhw **weithia** dwi – dim drw'r amsar.

A wedyn mi benderfynis i y **byswn** i'n deud wrthi. Dwn i'm be nath imi newid fy meddwl mor sydyn ond dyna lle roeddan ni un bora rhwng cwsg ac effro ar ôl noson hwyrach na'r arfar, a mi ofynnish i iddi os oedd hi yna go iawn. Nath hi'm deud dim byd i ddechra. O'n i'n disgwl iddi chwerthin ne droi a sbio'n wirion arna-i fel tasa 'na rwbath mawr yn bod, ond y cyfan nath hi oedd deud "Ydw" – fel taswn i 'di gofyn y cwestiwn mwya naturiol yn y byd. Yna mi sbiodd i fyw fy llagad i a gwenu a'i ddeud o eto – "Ydw," medda hi'n dawal. Ddudon ni'm byd am sbel hir wedyn … mond sbio ar y gronynna llwch oedd wedi 'u dal yn y llafn o haul oedd yn tywallt drw'r cyrtans. Sbecs bach arian na allach chi byth 'u gweld nhw mond mewn gola mor llachar â haul ben bora. Gwenlli siaradodd gynta. "*Cogito ergo sum*," medda hi.

"Be?" meddwn inna. O'n i'n nabod y geiria ond ddim yn siŵr os mai fi oedd yn 'u clŵad nhw.

"Dwi'n meddwl, ac felly dwi'n bod," medda hi wedyn. "Ne, i'w roi o'n gywirach: Rydw i yn meddwl, a dim ond pan ydw i'n meddwl y galla i fodoli."

Dyna pryd dechreuodd y darna i gyd ddisgyn i'w lle. Nid fi oedd yr unig un oedd yn teimlo fel hyn! A wedyn mi roddodd hi enw iddo fo. "*Solipsism* ydi-o," medda hi.

"Be?" meddwn i wedyn, am yr eildro o fewn dim.

"Y teimlad 'na mai chdi 'di'r unig un sy'n bod go iawn. Dyna be ma' nhw'n 'i alw fo. *Solipsism.*"

Ma' 'na **enw** i beth fel hyn, feddylish i. Ond 'nesh i mo'i ddeud o'n uchal, rhag ofn i rywun glŵad. Ond pwy arall ond Gwenlli fydda wedi **gallu** 'nghlŵad i? Ac eto, fedrwn i ddim bod yn siŵr, yn na fedrwn ... Fedrwn ni byth fod yn **hollol** siŵr pwy sydd allan yna'n gwrando.

Tagu'r ci

ALAN: Bachgen 19+

Daw Alan ymlaen hefo llythyr yn ei law. Mae'n ei ddarllen.

Alan: Anamal bydda i'n postio dim byd i neb. Ond ma' hwn angan cyrradd yn saff. Ben bora fory. Dyna pam dwi'n mynd i roid *recorded delivery* arno fo. Dwi'm ishio i hwn fynd ar goll yn post.

Mae'n darllen.

'Annwyl Dad. Diolch am drefnu inni'n dau gyfarfod am swpar. Fydd hi'n rhyfadd dy weld di wedi'r holl flynyddoedd o 'fwlch'. 'Bwlch yr Oerddrws' fel 'dan ni'n 'i alw fo yma bellach. Wedi i chdi fynd drw drws a 'ngadal i a 'mrawd heb dad, a Mam heb galon i gario 'mlaen, oedd hi'n dipyn o sioc derbyn llythyr gin ti. Ddrwg gin i glŵad fod petha wedi mynd i'r gwellt rhyngthat ti a Katie – ond doeddwn i ddim yn synnu chwaith; doeddat ti ddim yr ochor iawn i'r drws pan oedd y Bod Mawr yn rhannu dyfalbarhad ... yn nag oeddat?

Dwi'n edrach ymlaen i ga'l deud wrthat ti pa mor dda ma' Mam yn 'i neud hefo'r busnas newydd a bod petha wedi bod lot gwell yn ddiweddar. Ma' hi wedi gneud James a finna'n bartneriaid ers Dolig, ond falla dy fod di'n gwbod hynny'n barod. Marchnata James yn ddiguro. Hwyrach mai dyna pam ti wedi ailgysylltu?'

Yn troi at y gynulleidfa.

Sgin i'm amheuaeth ma' dyna pam ddaru o gysylltu gyda llaw ... ond mod i'n trio bod yn weddol ddesant hefo fo. Fydda-i'n postio'r llythyr 'ma iddo fo **cyn** inni gwarfod heno – cofn imi newid fy meddwl a dechra madda bob dim dros swpar. Oedd o'n un da hefo geiria. Ca'l 'i hun allan o dwll waeth pa mor ddyfn fydda'i waelod o. Felly os bydda i wedi cael traed oer dros y swpar am ryw reswm, a 'di methu deud yr hyn dwi **am** 'i ddeud, mi fydd y llythyr 'ma'n 'i law o cyn iddo fo ga'l cyfla i dreulio'i bwdin yn iawn. Dwi'm am iddo fo siarad 'i ffor yn ôl i mewn i 'mywyd i. 'Dan ni 'di gneud yn iawn hebddo fo a dwi'm ishio iddo fo droi'r drol am yr eildro.

Dwi'm wedi sôn 'run gair wrth Mam mod i'n mynd. Dwi'm ishio'i lluchio hi 'ddar 'i hechal a hitha'n gneud mor dda. Gymerodd flynyddoedd iddi ddŵad drosto fo ond ma' hi lot cryfach erbyn hyn.

Mae'n gwylltio wrth gofio am rywbeth.

A'th â bob sentan oedd ganddi pan a'th o. Modrwya, llunia, wbath medra fo roi 'i facha arnyn nhw, mi daflodd nhw i gyd i gefn 'i gar a mynd â nhw dan 'i thrwyn hi. Fuon ni'n byw o'r llaw i'r gena am flynyddoedd wedyn a ddaru Mam 'im byd ond beio'i hun am bob dim. Codi bob carrag yn meddwl be ddaru hi o'i le. 'Sa well 'sa hi 'di'u pledu nhw ato fo o beth mwdril; ond ddaru hi ddim. Hitio'r botal yn lle hitio 'nôl. Suddo reit i'w gwaelod hi'n diwadd – nes iddi gwarfod Bob. Ffeindio fo ar yr *internet* ddaru ni'n diwadd. Uffar o ffliwc. James a finna'n helpu Mam i lenwi'r bocsys iawn a peth nesa mi landiodd Bob ar stepan drws hefo bwnshad o floda'n 'i law, lot o gariad yn 'i lygad a dipyn go lew rhwng 'i ddwy glust hefyd. Jest be oedd Mam 'i angan. Jest be oeddan ni i **gyd** 'i angan. Tydi'm 'di edrach yn 'i hôl ers hynny.

Yn darllen gweddill y llythyr.

'Plis paid â trio cysylltu eto, Dad. 'Dan ni'n OK. Dwi'n gobeithio bydda i'n medru bod yn ddigon o ddyn i ddeud wrtha chdi dros swpar bod bywyd yn grêt hebdda chdi. Os fetha i, jest darllan hwn ryw unwaith ne ddwy a mi gei di'r negas, dwi'n siŵr.

Ymddiheuriada na 'nesh i'm aros i'r pwdin, er mod i wedi archebu un. Dyna oedd 'y mwriad i. Deud mod i'n mynd i'r toilet, talu am y bwyd a mynd cyn i'r pwdin gyrradd. Diflannu – yn union fel 'nes di. O'n i jest ishio chdi wbod sud oedd o'n teimlo i ga'l dy adal ar ben dy hun bach.

Hwyl,
Alan

Ôl-nodyn – Croeso iti fyta 'mhwdin i, Dad, ond mi wyddost be ma' nhw'n ddeud am fyta gormod o bwdin, dwyt ... Dy ddewis di.'

Mae'n rhoi'r llythyr yn yr amlen a'i selio. Yna'n edrych yn ôl ar y gynulleidfa.

Fel dudish i – anamal bydda i'n postio uffar o'm byd. Ond dwi'n mynd i ga'l lot o blesar o glŵad hwn yn disgyn drw'r twll postio 'na. Dwi'n sgut am *sticky toffee*, ond ma'r aberth yn mynd i fod yn felysach na'r pwdin am unwaith.

Mewn cwt (1)

Merch yn edrych ar degan digon pỳg yr olwg. Gall fod yn anifail, dol neu dedi. Mae'n edrych yn drist arno. Er ei bod yn ymarweddu'n ifanc oherwydd ei hamgylchiadau, does dim rhaid i Dienw fod mor ifanc â'i dull o siarad. Ei chyflwr hi sy'n peri iddi swnio felly.

Dienw: Be sy'? Fedra-i weld ar dy wynab di fod 'na rwbath yn dy boeni di. Be dio? Fedri di ddeud wrtha i, 'sti. 'Deith o ddim pellach os dudi di ... dwi'n gaddo. Does 'na neb yn gwrando achos glywish i nhw'n mynd allan. Ma' nhw 'di mynd i rwla ers ben bora a fyddan nhw'm yn ôl am hir eto, ddudon nhw cyn mynd; deud 'u bod nhw'n mynd allan a na fyddan nhw'm yn ôl nes bydd y gloch 'di canu ddwywaith. Tydi hi'm 'di canu tro cynta eto, felly gin ti ddigonadd o amsar. Sy'm rhaid ti fryshio, ond gei di ddeud rŵan os ti'shio.

Mae'n edrych uwch ei phen, yna'n ôl ar y tegan.

Ma' Brian yn dal yn llofft achos glywish i nhw'n gweiddi arno fo cyn mynd. Ddaru nhw gloi drws achos 'i fod o wedi rhoi gola 'mlaen heb ofyn. Dio'm yn ca'l dŵad i lawr heno chwaith, dwi'm yn meddwl.

Y ferch yn codi'r tegan ac yn troi'n ffiaidd, yn bloeddio yn gas yn ei wyneb. Mae hi bron yn ei lindagu wrth i'r ceryddu ddwysáu.

Paid ti â meiddio gneud hynna eto, ti 'neall i? Paid â meddwl am un eiliad cei di fynd allan rŵan! Byth! Aros di'n fan'na nes do i 'nôl. A dyn a dy helpo di os gwela i dy fod di wedi trio mynd allan ... Damia chdi! *(Yn filain iawn – yna'n newid eto)*

Mae'n rhoi'r tegan yn ei ôl yn yr union le yr oedd o ar y cychwyn ac yn eistedd eto.

Ddudon nhw mod i 'di bod yn hogan dda heddiw. Mond imi neud be ma' nhw'n ddeud a fydd bob dim yn iawn ... meddan nhw. Dwi'm ishio'u clŵad nhw'n sgrechian fel'na byth eto. Ti'n cofio tro dwytha sgrechion nhw arna fi? ... Pan ofynnish i be oedd 'fam'. O'n i ishio gofyn be oedd 'mochyn' hefyd ond 'nesh i ddim ... Ella na rhegi dio! *(Yn dweud y gair fel petai'n rheg hyll iawn)* – FAM! ... FAM! **FAM! FAM!**

Saib.

W't ti wedi gweld Brian rioed? Na? Na fi. Ond dwi'n gwbod 'i fod o yna achos dwi'n 'i glŵad o amball waith. Yn crio. Dio'm yn licio'r twllwch ond mae o'n ...

Sŵn cloc yn taro o'r tu allan.

Sgwn i lle ma' nhw'n mynd ... pan awn nhw allan drw'r drws? "Allan." Dyna'r oll ma' nhw'n ddeud pan ma' nhw'n mynd: "'Dan ni'n mynd allan." A wedyn ma'r drws yn cau. Dwi'n meddwl ma' stafall fawr 'di 'allan' ... yn llawn o reis a dŵr a tatws ... Dwi'n siŵr ma' fan'no ma' Kenny 'di mynd. Ti'n cofio Kenny? Fo oedd yr un oedd wastad yn canu'r gân 'na ... ti'n cofio? Sgwn i lle'r a'th o? Mor sydyn. Oedd o'n canu ar ôl iddyn nhw fynd allan ... ti'n cofio? Llais neis ginno fo ... A wedyn ... mi a'th o ... ti'n cofio?

Saib.

Dienw'n canu'n dawel, dawel.

"Roedd 'na dri mochyn bach hefo'i gilydd mewn cwt ... a gwelw oedd gwedd y tri ... Bob amser dywedai y – fam – 'soch-soch' ... dywedai'r moch bach 'wî, wî, wî'."

Nodyn: *Cân gan Tony ac Aloma yw 'Tri mochyn bach'.*

Mewn cwt (2)

Merch yn edrych ar degan digon pỳg yr olwg. Gall fod yn anifail, dol neu dedi. Mae'n edrych yn drist arno. Er ei bod yn ymarweddu'n ifanc oherwydd ei hamgylchiadau, does dim rhaid i Dienw fod mor ifanc â'i dull o siarad. Ei chyflwr hi sy'n peri iddi swnio felly.

Dienw: Beth sy'n bod? Alla-i weid ar dy wyneb di bod rhwbeth yn dy fecso di. Beth yw e? Alli di weid wrtha-i os ti moyn. Aiff e ddim pellach os wedi di ... 'wi'n addo. 'Sneb yn gryndo achos glywes i nhw'n mynd mas. Elon nhw bant i rywle ben bore a ddewn nhw ddim 'nôl am sbel fach 'to. Wedon nhw cyn mynd; gweid 'u bod nhw'n mynd mas ac na fydden nhw ddim 'nôl nes bo'r gloch wedi canu ddwyweth. Dyw hi ddim wedi canu'r tro cinta 'to, felly ma 'da ni ddigonedd o amser. 'Sdim rhaid iti hasti ond gei di weid nawr os ti moyn.

Mae'n edrych uwch ei phen, yna'n ôl ar y tegan.

Ma' Brian yn dal lan lofft achos glywes i nhw'n sgrechen arno fe cyn mynd. Gloion nhw'r drws am 'i fod e wedi rhoi'r gole 'mlân heb ofyn yn ginta. Sai'n credu gaiff e ddod lawr heno, nawr.

Y ferch yn codi'r tegan ac yn troi'n ffiaidd, yn bloeddio'n gas yn ei wyneb. Mae hi bron yn ei lindagu wrth i'r ceryddu ddwysáu.

Paid ti â meiddio gneud 'na 'to, ti'n diall? Paid â meddwl am un eiliad gei di fynd mas nawr! Byth! Aros di fan 'na nes dof fi 'nôl. A dyn a'th helpo di os wela i dy fod di wedi trio mynd mas ... Damo ti! (Yn filain iawn – yna'n newid eto)

Mae'n rhoi'r tegan yn ei ôl yn yr union le yr oedd o ar y cychwyn ac yn eistedd eto.

Wedon nhw mod i 'di bod yn ferch fach dda heddi. Ond imi neud fel ma' nhw'n gweid a fydd popeth yn iawn ... medden nhw. Sai moyn clywed nhw'n sgrechen fel 'na 'to ... Ti'n cofio'r tro dwetha iddyn nhw sgrechen arna-i? ... Pan ofynnes i beth o'dd 'fam' ... O'n i moyn gofyn beth o'dd 'mochyn' hefyd ond 'nes i ddim ... Falle taw rheg yw e . . . (Yn dweud y gair fel petai'n rheg hyll iawn) – FAM! ... FAM! **FAM! FAM!**

Saib.

Wyt ti wedi gweld Brian erioed? Na? Na fi ... ond 'wi'n gwbod 'i fod e 'na achos 'wi'n 'i glywed e ambell waith. Yn llefen. Dyw e ddim yn lico'r tywyllwch ond ma' fe'n ...

Sŵn cloc yn taro o'r tu allan.

Tybed ble ma' nhw'n mynd ... pan ewn nhw mas drwy'r drws? "Mas." Dyna'r cyfan maen nhw'n weid pan maen nhw'n gadel: "Ni'n mynd mas." Wedi 'ny ma'r drws yn cau. 'Wi'n credu taw stafell fawr sydd i ga'l 'rochor draw – yn llawn o reis a dŵr a thato ... 'Wi'n siŵr taw 'na ble ma' Kenny wedi mynd. Ti'n cofio Kenny? Fe o'dd yr un o'dd wostod yn canu'r gân 'na ... ti'n cofio? Tybed ble a'th e? Mor gloi. O'dd e ond yn canu pan o'n nhw mas ... ti'n cofio? Llais pert 'dag e. A wedyn ... a'th e ... ti'n cofio?

Saib.

Dienw'n canu'n dawel, dawel.

"Roedd 'na dri mochyn bach efo'i gilydd mewn cwt ... a gwelw oedd gwedd y tri ... Bob amser dywedai y – fam – 'soch-soch' ... dywedai'r moch bach 'wî,wî,wî'."

Nodyn: *Cân gan Tony ac Aloma yw 'Tri mochyn bach'.*